삐뽀삐뽀
댕댕이를 부탁해

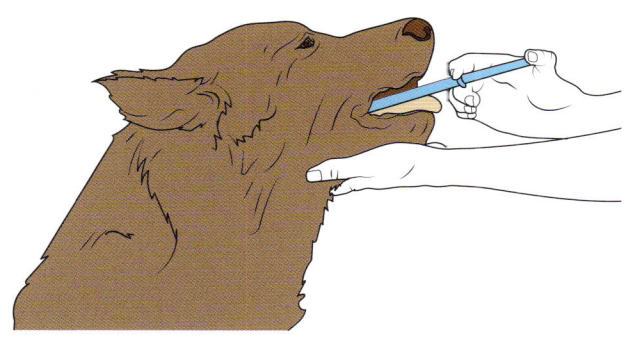

삐뽀삐뽀 댕댕이를 부탁해

발행일 2021년 1월 1일 초판

지은이 제니퍼 파커
옮긴이 임영훈
감수 이동국
발행인 김정현
책임편집 이현곤

발행처 오쿨루스
출판등록 2018년 1월 4일 제2018-000004호
주소 경기도 수원시 영통구 센트럴파크로 100, 6403-2002
전화 070-4189-4949(代) **팩스** 0303-3444-0818
홈페이지 www.oculuspublishing.com

디자인 프리렉 김미선, 임희진

ISBN 979-11-969629-1-3

First Aid for Dogs by Jennifer Parker

Copyright © 2020 Quarto Publishing plc
Korean translation copyright © 2020 Oculus Publishing
Korean translation rights are arranged with Quarto Publishing plc through AMO Agency, Korea.

이 책의 한국어판 저작권은 AMO 에이전시를 통해 저작권자와 독점 계약한 오쿨루스에 있습니다. 저작권법에 의해 한국 내에서 보호를 받는 저작물이므로 무단 전재와 무단 복제를 금합니다.

책값은 뒤표지에 있습니다. 잘못된 책은 구입하신 곳에서 바꾸어 드립니다.

삐 뽀 삐 뽀
댕댕이를 부탁해
First Aid for Dogs

제니퍼 파커 지음　임영훈 옮김　이동국 감수

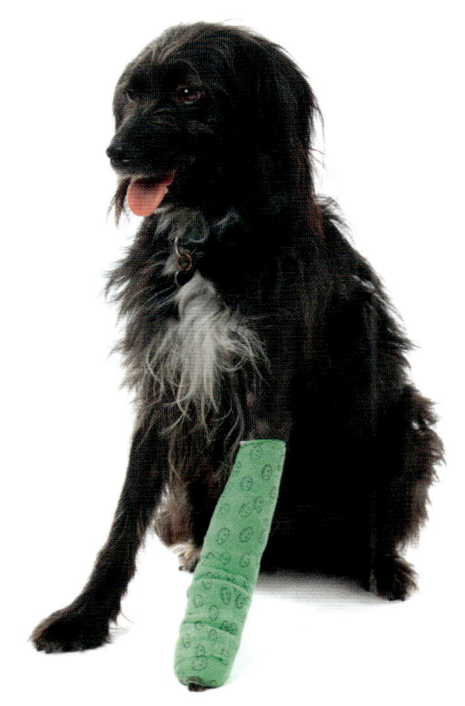

오쿨루스

목차

이 책은 6
이 책의 사용방법 8

간단한 치료와 케어

반려견 검사 60
동물병원에 언제 데려가야 할까? 66
구급상자 70
반려견 다루기(핸들링) 74
경미한 상처 소독과 드레싱 80
털과 피부과적 문제 82
안과적 문제 84
생리식염수 만들기 84
수술 후 돌보기 86
상처 관리하기 88
투약 90
의료용 샴푸로 목욕시키기 100
임신 확인 104
재난상황에서 반려견 안전하게 지키기 106

건강한 반려견

해부학적 구조 12
치아 건강 20
발톱 손질하기 26
예방접종 28
정신적 자극 30
행동 이해하기 34
훈련 시키기 38
식단 40
기생충 48
노령견 52
반려견이 먹지 않는 이유는? 56

3

응급처치

반려견이 아픈지 어떻게 알 수 있나요?	114
쇼크 응급처치	118
질식	120
심폐소생술	124
골절	128
열사병	130
농양	131
화상	132
물리고 쏘였을 때	134
싸움으로 인한 상처	136
교통사고 혹은 기타 외상	140
비뇨기 문제	146
익사	148
감전	150
발열	152
구토	154
설사	155
발작	156
마비	158
중독	160
임신	164
신생견 돌보기	170
신생견 되살리기	172
넥카라 만드는 방법	174
소형견용 응급 캐리어 만들기	176
수의사 선생님 질문과 답변	178

4

부록

응급처치 목록	**184**
용어집	186
색인	188
저자 소개	191

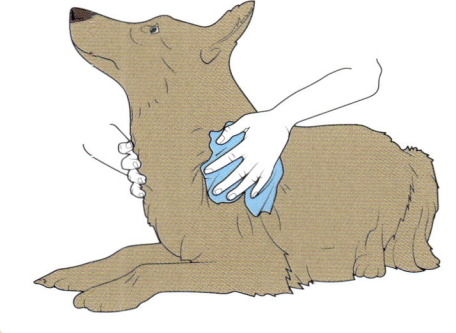

이 책은

이 책은 반려견 응급처치 가이드를 제공하며, 작은 상처에서부터 생명에 위협이 되는 응급상황까지 다양한 문제에 대해 최선의 의학적인 대처법을 제공합니다. 반려견 응급처치와 상처 예방의 기본 원리에 익숙해 지도록 이 책을 정독하기를 권합니다. 응급상황에서 바로 활용할 수 있도록 구급상자 안에 보관하세요.

개는 쉽게 흥분하는 천성을 가지고 있습니다. 그래서, 매번 아주 위험한 상황에 처하는 것은 아니지만 곤경에 빠지는 일이 많습니다. 반려견이 살아가는 동안 다치거나 질병을 앓을 가능성이 많지만, 경험이 많은 보호자라도 가장 적절한 응급처치 절차를 모를 때가 있습니다. 이 책은 이러한 상황에서 당황하지 않고 즉시 올바른 조치를 취하도록 도와줍니다. 여러 응급상황에서 쉽게 따라할 수 있는 단계별 처치법을 알아보기 위해서는 필요한 부분으로 바로 이동하면 됩니다.

이 책은 응급처치법 이외에 반려견을 건강하게 키우기 위한 유용한 정보를 제공합니다. 영양상의 조언과 투약하는 방법까지 이 책은 반려견 보호자라면 꼭 읽고 비치해 두어야 하는 책입니다.

위: 구급상자를 잘 준비해 두면 반려견 치료에 도움이 될 것은 분명하지만 상황이 급격히 악화될 수도 있다. 만일 반려견의 상태에 확신이 없다면 반려견을 바로 동물병원에 데려간다.

오른쪽: 이 책을 이용해 다양한 응급처치 시나리오를 배우고 반려견이 최선의 상태로 완치될 수 있도록 하자.

책 소개 7

왼쪽: 가정에서 반려견의 털, 치아, 발톱을 잘 살피는 것이 반려견의 건강을 지키고 어떤 문제가 발생하는 즉시 파악하는데 도움을 준다.

위: 집에서 어릴 때부터 일상적인 건강관리를 시작하면, 나중에 부상 또는 질병의 징후가 있는지 검사해야 할 경우에도 반려견이 힘들어 하지 않을 것이다.

응급처치란?

이 책에서 "응급처치"는 다치거나 갑자기 아픈 반려견을 긴급으로 돕는 행위를 뜻합니다. 대부분의 경우 응급처치는 동물병원에 데려가기 전에 아픈 반려견의 상태를 안정시키기 위한 치료의 초기 단계입니다. 반려견에게 의학적인 치료가 필요한지 확실하지 않을 경우에도 문제가 있을 것으로 가정하고 동물병원에 데려가서 진찰을 받아 보세요.

동물에 대해 얘기할 때 이 책에서는 "징후^{signs}"라는 용어를 사용합니다. 이 용어는 응급처치자인 보호자가 보고, 듣고, 느끼고, 냄새 맡은 것들을 뜻합니다. 이 책에서는 "증상^{symptoms}"이라는 용어를 사용하지 않는데 증상은 환자가 느끼는 것이기 때문이죠. 우리의 환자는 동물이라서 반려견이 느끼는 것을 우리가 정확히 알 방법이 없습니다.

이 책의 사용방법

1부

반려견을 건강하게 키우기 위한 일반적인 정보는 1부를 보세요. 1부에서는 행복하고 건강한 삶을 돕기 위한 다양한 팁과 함께 일상적인 건강관리, 식단의 선택, 건강의 유지, 기생충 예방, 나이가 들어가는 노령견을 돌보는 방법 등의 정보를 찾을 수 있습니다.

반려견과 관련된 응급처치 상황에 대비하려면 계속해서 2부를 읽어보세요.

사진과 이미지는 개의 해부학적 구조와 특징을 깊이 이해하는데 도움을 준다

개의 신체가 어떻게 작동하는 지 그리고 건강하게 키우기 위해 무엇이 필요한지 잘 이해하기 위해 기본 해부학적 구조를 배운다

가정에서 어린 강아지나 성인견을 건강하게 키우기 위한 핵심 정보를 찾는다

어떤 건강 문제들로 반려견이 아플 수 있는지, 이런 자주 발생하는 질병들을 어떻게 대처해야 하는지 배운다

특정 건강 문제에 대해 더 자세히 알고 싶으면 심화 정보박스를 읽어본다

흔히 발생하는 문제에 대해서는 해당 징후들을 쉽게 찾을 수 있도록 세분화하여 자세히 설명한다

이 책의 사용방법 9

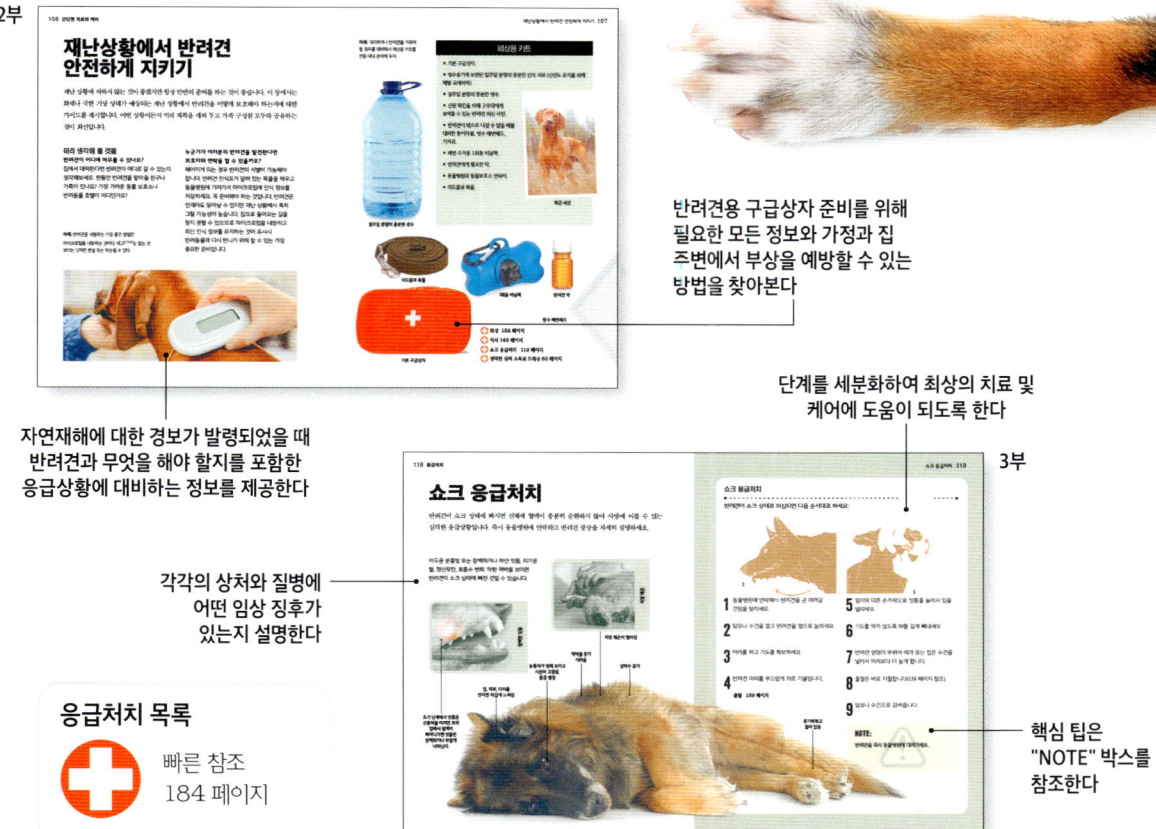

2부

2부에서는 반려견 상처나 질병 검사 방법을 설명합니다. 다친 반려견 다루기, 생체 징후 확인, 반려견이 아플 때를 이해하는 가이드를 제시합니다. 이 장에서는 자주 발생하는 응급처치 상황에는 어떤 것이 있는지, 가정에서 해결할 수 있는 문제는 무엇인지, 동물병원에 연락해야 하는 경우를 판단하는 방법에 대해서도 알려줍니다. 또한, 동물병원으로 반려견을 안전하게 이송시키는 방법도 알려줍니다.

또한, 2부에서는 부상 또는 갑작스러운 질병 후에 반려견의 회복을 돕기 위해 간호하는 방법도 알려줍니다. 또, 상처 돌보기 및 반려견에게 약을 투약하는 팁과 요령을 알려줍니다.

3부

3부에서는 응급처치 가이드에 대한 디렉토리도 제공합니다. 벌에 쏘였을 때부터 감전에 이르기까지 반려견이 마주칠 수 있는 문제에 대해 상세한 응급처치 조언을 제시합니다. 각 상처나 질병에 대해 임상 징후를 설명하고 최선의 치료를 위해 필요한 단계별 조치사항들을 알려줍니다.

3부에서는 응급처치 상황에 대처하기 위한 각 단계별 대처법이 설명됩니다. 이 페이지에는 각 단계에서 무엇을 해야 하는지에 대한 요약인 내용이 제공되기 때문에 핵심 정보에 빠르게 접근할 필요가 있는 응급상황에서 사용될 수 있습니다. 비상용 넥카라와 캐리어를 만드는 가이드도 있습니다.

1

건강한 반려견

해부학적 구조

반려견의 신체는 사람과 매우 다른 방식으로 움직이고 고양이와도 다릅니다. 물론, 수많은 견종이 존재하고 견종별 고유의 특성이 있긴 하지만 반려견의 기본 해부학 구조는 견종과 상관없이 대체로 동일합니다. 반려견을 건강하게 키우기 위해서는 개가 가진 기본 해부학적 특징을 조금 알아 두는 것이 중요합니다.

골격과 걸음걸이

사람 골격이 206개의 뼈로 구성된 것에 비해 모든 개의 골격은 꼬리 길이에 따라 다르긴 하지만 견종에 상관없이 약 320개의 뼈로 구성되어 있습니다. 개는 앞다리를 어깨에 연결하는 빗장뼈^{사람의 쇄골}가 없습니다. 이것은 튼튼한 뒷다리와 유연한 앞다리를 이용해 긴 보폭으로 움직일 수 있음을 의미하며 달리기와 도약을 더 능숙하게 해줍니다.

개는 발가락으로 걷습니다. 앞발에는 각 5개, 뒷발에는 각 4개의 발가락이 있습니다. 그리고, 다섯 번째 발톱은 "며느리 발톱"이라 불리고 다른 발톱보다 다리 약간 윗부분에 있습니다. 개의 발톱은 고양이처럼 숨겼다가 길게 내밀 수 없어서 항상 눈에 보일 겁니다. 각 발에는 패드가 있고 각 발가락 밑에도 패드가 있어서 충격을 흡수하고 발을 보호하는데 도움을 줍니다. 패드에는 극심한 온도에서 발을 보호하도록 두꺼운 지방층이 들어 있습니다. 또한, 땀을 흘려 더운 환경에서 더위를 식히는데 도움을 줍니다.

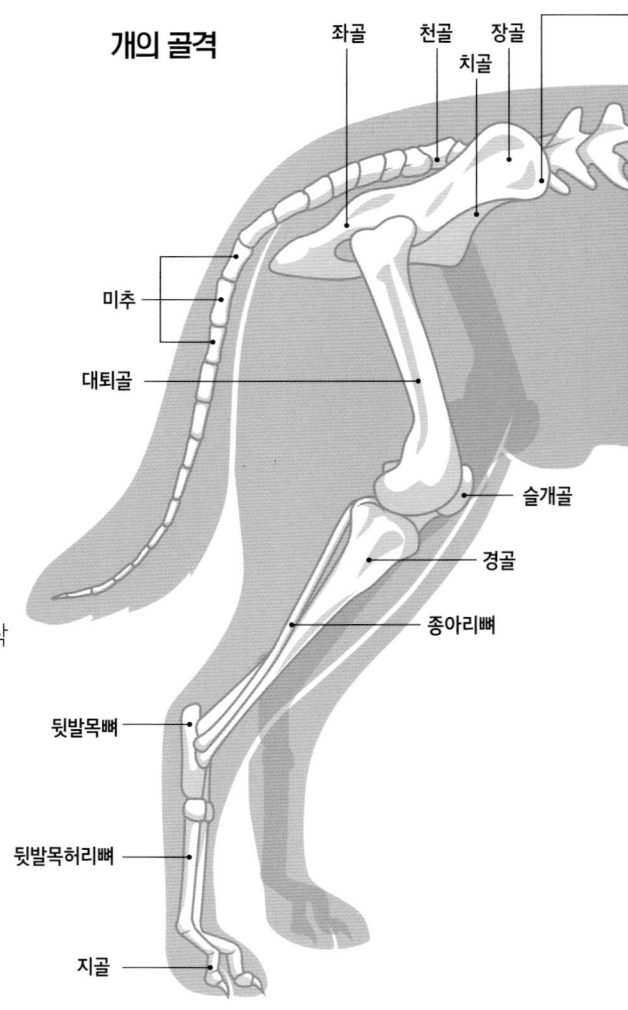

개의 골격

해부학적 구조 13

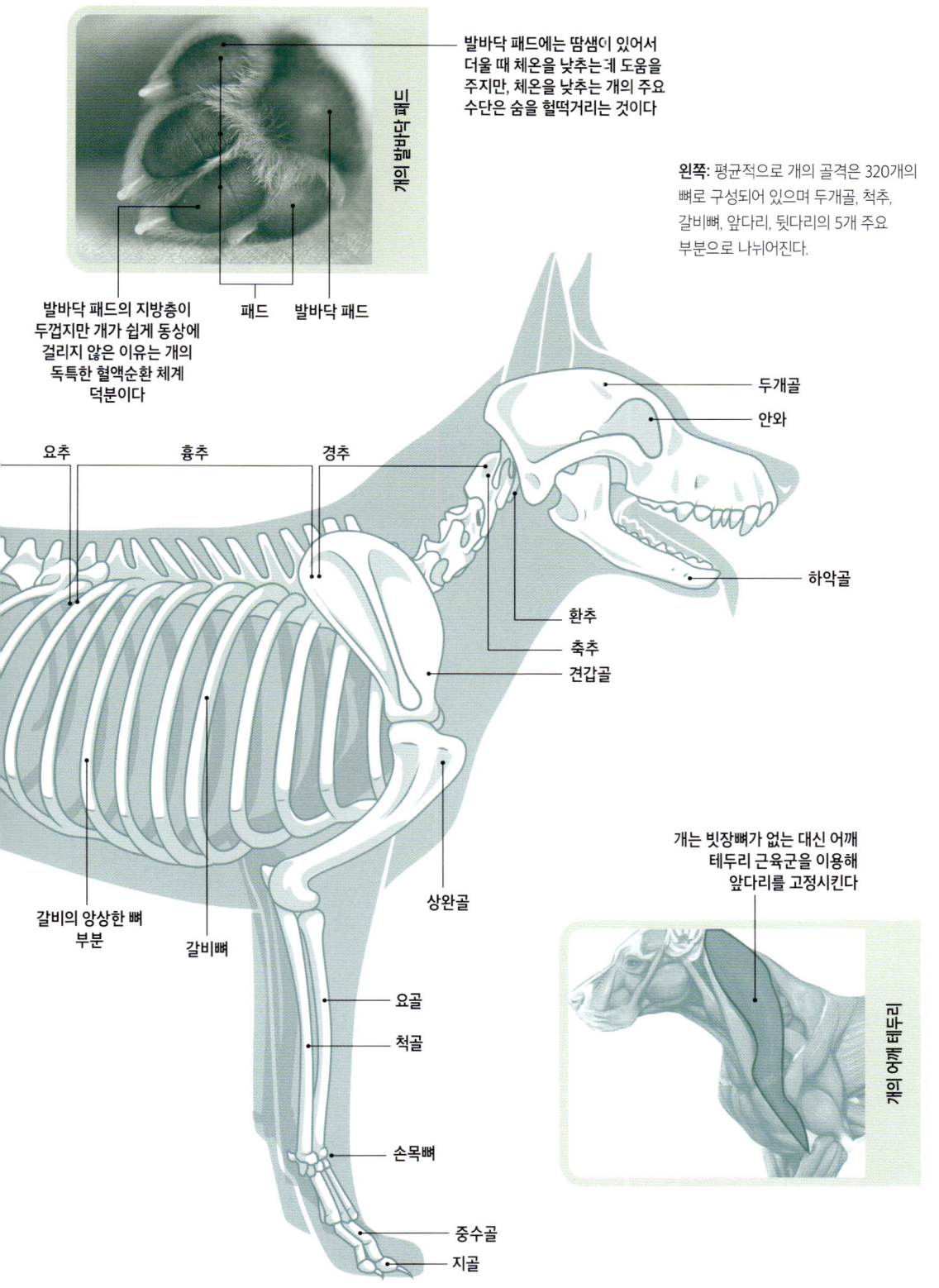

발바닥 패드에는 땀샘이 있어서 더울 때 체온을 낮추는데 도움을 주지만, 체온을 낮추는 개의 주요 수단은 숨을 헐떡거리는 것이다

왼쪽: 평균적으로 개의 골격은 320개의 뼈로 구성되어 있으며 두개골, 척추, 갈비뼈, 앞다리, 뒷다리의 5개 주요 부분으로 나뉘어진다.

발바닥 패드의 지방층이 두껍지만 개가 쉽게 동상에 걸리지 않은 이유는 개의 독특한 혈액순환 체계 덕분이다

패드
발바닥 패드

요추
흉추
경추

두개골
안와

하악골

환추
축추
견갑골

상완골

개는 빗장뼈가 없는 대신 어깨 테두리 근육군을 이용해 앞다리를 고정시킨다

갈비의 앙상한 뼈 부분
갈비뼈

요골
척골

손목뼈

중수골
지골

소화계

날카롭고 뾰족한 이빨에서 볼 수 있듯이 개의 조상은 육식 동물이었습니다. 그러나, 사람들과 같이 살기 시작하면서 잡식성 식단에 적응해 왔습니다. 개는 사람처럼 좌우로 음식을 씹을 수 없는 대신 위 아래 움직임만 사용하여 음식을 섭취합니다. 탄수화물을 먹지만 개의 침 속에는 탄수화물을 분해하는 효소가 없습니다. 음식 소화와 영양분의 흡수는 대부분 소장에서 이루어집니다.

개의 소화기관은 한 번에 많은 양의 음식을 소화시키도록 적응했습니다. 위는 산성도가 높고 위벽의 근육은 더 큰 공간을 만들기 위해 이완되어 펼칠 수 있습니다. 개의 소화기관은 사람의 소화기관보다 훨씬 짧기 때문에 음식물이 더 빠른 속도로 통과합니다.

개의 소화계

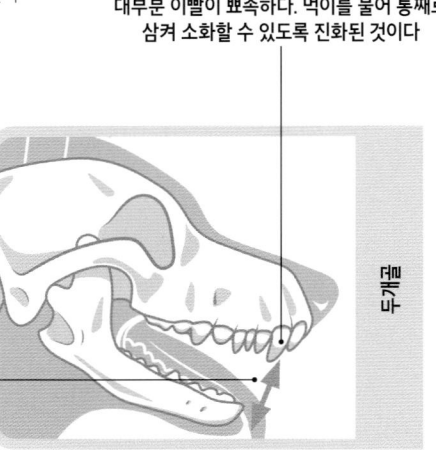

아래: 개가 사람과 같이 살게 되고 조상인 늑대에서 분리되면서 두개골과 이빨은 다양한 종류의 음식을 먹을 수 있도록 적응했다.

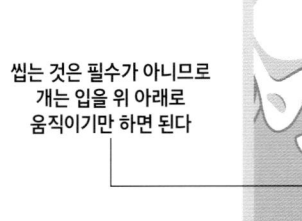

씹는 것은 필수가 아니므로 개는 입을 위 아래로 움직이기만 하면 된다

대부분 이빨이 뾰족하다. 먹이를 물어 통째로 삼켜 소화할 수 있도록 진화된 것이다

해부학적 구조 15

계걸스럽게 먹는 모습

야생견은 다른 개가 훔쳐가기 전에 가능한 빨리 게걸스럽게 먹이를 먹어 치워야 살아남는다

왼쪽: 야생의 들개는 주로 육류를 섭취하지만, 환경에 잘 적응하는 동물인 개는 때로 채소나 사람의 음식 쓰레기도 먹는다.

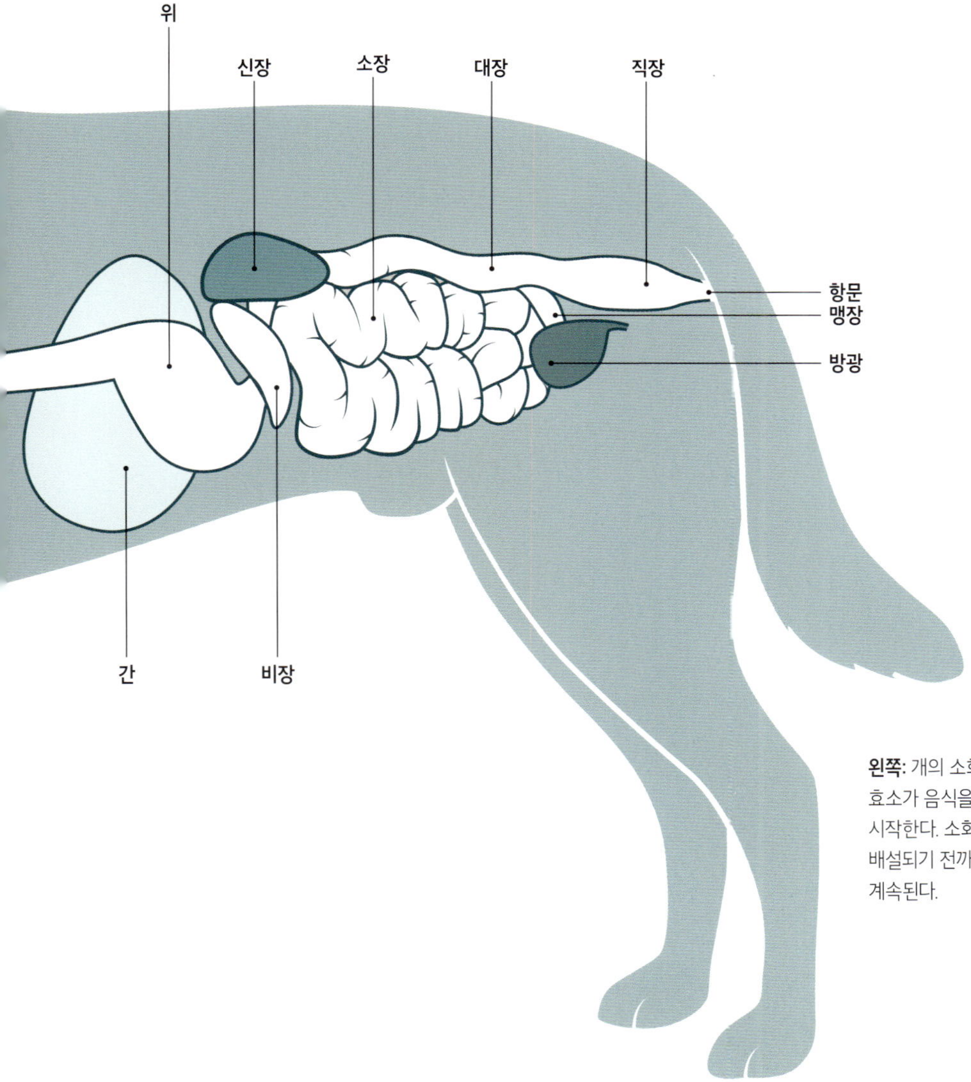

위 · 신장 · 소장 · 대장 · 직장 · 항문 · 맹장 · 방광 · 간 · 비장

왼쪽: 개의 소화 과정은 입 안에서 효소가 음식을 분해하면서 시작한다. 소화는 음식이 찌꺼기로 배설되기 전까지 위와 장에서 계속된다.

감각기관

개의 귀는 견종에 따라 모양이 다양하며 늑대처럼 귀가 크고 위로 향할 경우 소리를 매우 잘 듣습니다. 늘어진 귀를 가진 개는 뾰족한 귀를 가진 개만큼 잘 듣지 못하지만 여전히 사람보다 훨씬 더 먼 거리의 소리도 탐지할 수 있습니다. 개는 귀의 발달된 근육으로 귀 아랫부분을 기울이거나 움직여 소리의 위치를 찾을 수 있으며, 이는 개가 뛰어난 청각을 가지는데 한 몫을 합니다. 귀는 의사소통에서도 중요한 역할을 합니다 (34 페이지 참조).

개는 냄새를 분비해 서로 대화하기 때문에 코 역시 의사소통에 중요합니다. 개는 사람보다 냄새에 약 40배 민감합니다. 개의 입천장에 있는 야콥슨 기관은 냄새를 분석하는데 중요한 역할을 합니다.

개는 민감한 촉각을 가진 수염을 이용해서 사물을 식별할 수 있습니다. 공기 흐름을 감지하고 어둠 속에서 돌아다니는데도 수염을 사용합니다.

망막에 색을 인식하는 두가지 원뿔세포만 있는 개는 사람과 다른 빛깔 속에서 세상을 봅니다. 개의 시력은 사람의 적록색맹과 유사합니다. 눈은 어두운 조도에 잘 적응되었고 매우 큰 눈동자와 좋은 시력을 갖고 있습니다.

개의 코는 가장 강력한 감각기관이다. 들어오는 공기를 분리하고 공기를 안팎으로 동시에 이동시키며 페로몬을 탐지하고 두 콧구멍이 각각 따로 냄새를 맡을 수 있다

개는 사람보다 색에 덜 민감한 원추 수용체를 갖고 있어 주위가 세피아와 파스텔 색조로 된 선명하지 못한 세상으로 보인다

달마시안은 얼룩무늬 착색 때문에 청각 장애에 취약한 유전자를 가지고 있다

늘어진 귀는 소리를 걸러낼 수 있는데 이것은 개가 사람과 살면서 생긴 변화이다. 원래 개의 귀는 직립이었다

직립인 귀는 깔때기 효과를 만들어 더 잘 들을 수 있도록 해준다

개가 숨을 헐떡거릴 때 혀와 입으로 공기가 이동한다. 상부 호흡기의 표면으로 공기가 움직이면서 수분이 증발하고 체온을 낮춘다

위: 청각의 민감도는 연령과 생활습관 뿐만 아니라 견종별 신체 특징에 따라 다양하다.

위: 야생의 늑대는 새벽과 어둑해질 무렵에 활동이 왕성하다. 이런 습성 때문에 개의 시력은 특히 낮은 조도에 잘 적응되었다.

체온 조절

몸을 식히기 위해 개는 숨을 헐떡거려서 혀에서 열기가 증발되도록 합니다. 숨을 헐떡이는 것이 체온 조절의 주요 수단이지만 발에서도 땀을 흘려 체온 조절을 돕습니다.

생식기

수컷 개의 복부 뒤쪽 끝 부분에 고환이 있습니다. 개의 고환은 매실 크기까지 꽤 크게 자랄 수 있습니다. 생후 약 8주가 되면 개의 고환이 내려와서 눈에 보이게 됩니다. 그 이전에는 음경이 들어있는 작은 싸개를 찾아서 수컷인지 여부를 확인할 수 있습니다. 암컷 개는 꼬리 가까운 곳에 작은 돌기가 있습니다. 어린 강아지는 모두 같은 방식으로 소변을 보지만, 생후 약 6개월 이후부터 수컷은 한쪽 다리를 들어 소변을 보고 암컷은 계속해서 쪼그리고 앉은 자세로 소변을 봅니다.

오른쪽: 제설용 소금과 화학물질은 발에 자극이 된다. 눈이 왔을 때 산책을 시킬 경우 신발이나 왁스 기반의 보호용 발바닥 크림을 사용한다.

독특한 순환계

개의 발바닥 패드는 추위에 잘 적응되어 있다. 발에는 정맥과 동맥이 촘촘한 네트워크를 이루고 있는데 이는 펭귄의 발에서 보이는 것과 유사하며 발을 거쳐 온 몸으로 혈액이 순환된다. 개의 다리어는 동맥과 정맥이 근접해 있다. 심장에서 나온 동맥의 따뜻한 피와 정맥의 차가운 피로 체온의 균형을 이룬다. 이를 통해 전신을 일정한 체온으로 유지하고 발이 얼지 않도록 한다.

단두종의 특징

단두종 개는 퍼그, 프렌치 불독, 잉글리쉬 불독, 복서, 시추, 페키니즈, 불 마스티프, 라사 압소, 보스턴 테리어처럼 짧은 주둥이 혹은 평평한 얼굴을 가진 견종을 말합니다. 이 외에 여러 단두종이 있으며 이 용어는 위에 언급한 순종 외에도 사용됩니다. 이 견종의 개는 정상적이지 않은 신체구조로 인해 건강에 문제가 발생할 수 있습니다.

이 견종과 관련된 중요한 건강 문제 중 하나는 호흡 곤란입니다. 주둥이가 짧은 개는 호흡기에 손상을 입어 단두종 호흡기 폐쇄 증후군BOAS으로 고생합니다. 이 증후군은 정상적인 신체 기능을 위해 필요한 공기 흡입을 어렵게 합니다.

이 증후군은 나이가 들수록 심해져서 반려견의 웰빙에 심각한 영향을 줄 수 있습니다. 구체적으로는 운동하고 놀고 자고 먹는 능력을 손상시킵니다.

또한, 이 견종의 다수는 각막 궤양을 포함한 안구 질환을 앓고 있습니다. 이것은 얕은 안와눈구멍로 인한 돌출된 눈, 두드러진 콧등 주름, 눈꺼풀 이상과 같은 특성 때문입니다.

짧은 주둥이 / 눈병을 앓고 있는 눈

라사 압소 　 프렌치 불독 　 잉글리쉬 불독 　 시추 　 보스턴 테리어

견종별 건강 문제

피부 문제가 이 견종의 일부에서는 흔히 발생하는데, 그 이유는 주둥이 주변에 피부 접힘이 있고 주름이 다른 견종에 비해 더 깊기 때문입니다. 피부 접힘은 꼬리와 외음부에서도 찾을 수 있습니다. 접힌 부위에는 감염과 자극이 발생하기 쉬운데 습기를 머금고 있는 피부 사이의 접촉은 박테리아와 효모균 성장에 적합한 환경을 제공하기 때문입니다.

코일처럼 짧은 꼬리의 단두종 반려견은 척추 문제가 발생할 수 있습니다. 이 동물의 척추 마디는 때때로 똑바르지 않게 정렬되어 있어 척추 모양의 변형을 초래합니다. 이렇게 되면 결국 신경이 눌리거나 손상이 되는 건강 문제를 일으키게 됩니다.

단두종에서 흔한 또 하나의 문제 하나는 출산입니다. 이 견종은 전형적으로 혹독한 유전적 선택과정을 겪었으며 이로 인해 자주 태아-골반 불균형 증상이 나타납니다. 새끼 머리는 크고 어미견의 골반은 좁아서 외과적 개입 없이는 골반을 통과할 수 없습니다. 단두종 반려견은 기도의 손상으로 인해 교미 과정 중 지쳐서 힘들어할 으려도 있습니다.

아래: 단두종은 보호자들 사이에서 인기가 증가하고 있지만 때로는 이 견종의 해부학적 특징으로 인해 호흡곤란과 각막궤양과 같은 건강 문제가 발생한다.

꼬인 꼬리

불 마스티프   페키니즈   퍼그   복서

치아 건강

건강한 치아 유지는 반려견의 종합 건강관리에서 중요한 부분입니다. 반려견 치아를 정기적으로 검사하고 어릴 때부터 가능한 빨리 양치질을 시작하세요.

일반 치과 위생

사람과 마찬가지로 반려견도 치과 질환을 앓을 수 있으므로 반려견의 치아 건강을 늘 주시하는 것이 중요합니다. 반려견에게 양치질을 하는 것은 플라그가 쌓이고 이로 인해 발생할 수 있는 건강 문제를 예방할 수 있는 최선의 방법입니다. 양치질은 치석, 감염, 농양, 구취 예방에 도움이 되고 건강한 잇몸을 유지하는데 도움이 됩니다.

더불어 해마다 동물병원에 가서 구강 건강 검진을 받는 것이 좋습니다. 수의사가 반려견의 치아상태를 검사한 후 치아세척을 권유할 수 있습니다. 마취 상태에서 치아 세척이 진행되므로 필요시 엑스레이도 찍어 볼 수 있습니다. 치과 질환은 잇몸선 아래에서 흔하게 발생하기 때문에 고통스러운 병변을 유발할 수 있으며 때로는 발치가 필요할 수도 있습니다.

치과 기록부

앞니
송곳니
소구치
어금니
윗니
어금니
소구치
송곳니
아랫니
앞니

오른쪽: 반려견은 음식을 부수고 가는 어금니, 잡고 자르는 소구치, 찢는 송곳니, 자르고 깎아내는 앞니 등 4종류의 치아가 있다.

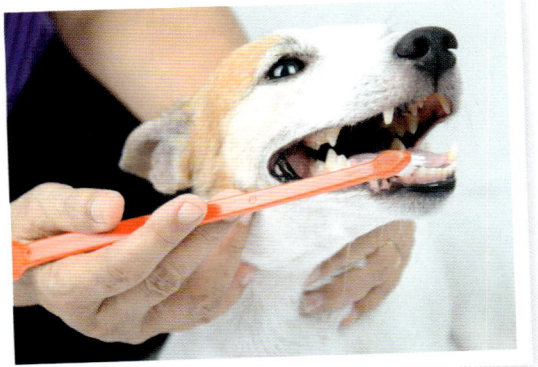

반려견 양치질하기

반려견이 양치질을 싫어하는 것은 흔한 일이지만, 만일 반려견이 협조적이라면 양치질이 치아 건강을 유지하는 훌륭한 방법이 될 수 있습니다. 반려견이 어리다면 양치질 하는 습관을 만드는데 오래 걸리지는 않을 거에요. 가정에서 반려견 양치질을 어떻게 하면 좋은지 수의사에게 시범을 부탁하세요. 수의사들이 권장하는 것 중 한가지는 매일 같은 시간에 양치시키는 것입니다.

가정에서 양치질을 하려면 반려견 전용 칫솔과 치약이 필요합니다. 반려견 치아에 사람이 사용하는 치약을 사용하지 마세요. 사람용 치약에는 반려견에게 해로울 수 있는 화학물질이 포함되어 있습니다.

특히 사람과 달리 반려견은 입 안에 있는 어떤 치약도 삼키려고 할 것입니다. 반려견은 사람이 사용하는 치약의 맛을 싫어해요. 반려견 치약은 반려견이 좋아하는 맛이 납니다.

칫솔을 선택할 때 작고 부드러운 솔로 된 것을 찾으세요. 보호자 손가락에 끼우는 고무 칫솔을 구입할 수도 있겠지만 그리 효과적이지 않으며 오히려 손가락이 물릴 가능성이 커집니다. 반려견이 두 마리 이상이라면 감염 확산을 막기 위해 각자 별도로 구매하세요.

위: 부드러운 솔, 긴 손잡이, 각진 머리 모양의 듀얼 칫솔이 양치질 하기에 쉽다.

오른쪽: 일정에 따라 정기적이고 효과적으로 치위생 관리를 하지 않는다면 만성 치주 궤양성 구내염^{CUPS}과 같은 질병이 생길 수 있다.

반려견 양치질 방법

반려견에게 양치질 습관을 들이는 것은 차츰차츰 진행해야 하는 것이니 서두르지 마세요. 입을 만지는데 반려견이 익숙해지도록 하려면 다음 순서대로 하세요:

1 손가락에 소량의 치약을 묻혀서 반려견에게 주세요. 이틀 정도 여러 번 이렇게 해보세요.

2 반려견이 졸려 할 때 머리를 안정되게 잘 잡는 연습을 해 보면서 보호자 스스로가 양치질 과정에 익숙해지도록 해 보세요.

3 서있는 자세로 반려견을 잡고 손바닥을 반려견 머리 뒷부분에 올려 놓습니다.

4 엄지와 검지로 반려견의 턱 아래를 부분을 잡고 부드럽게 아래로 당겨서 입을 벌립니다.

TIP:
도와줄 사람이 있을 경우 반려견이 가만히 있도록 잘 잡아주면 편리해요.

5 단단하지만 부드러운 그립으로 반려견 머리를 위로 듭니다.

6 엄지로 반려견 윗입술을 부드럽게 들어올리고 다른 손으로 아랫입술을 조심스럽게 내리면 반려견 치아를 볼 수 있어요.

치아 건강

NOTE:
양치질을 처음 시작할 때 잇몸에서 약간의 출혈이 있을 수 있지만 더 규칙적으로 양치질을 하면 피가 나지 않아요.

7 다음 며칠 동안 위와 똑같은 방법으로 반려견을 붙잡되 면봉에 치약을 약간 묻혀 입 안쪽부터 시작해서 치아 전체에 바릅니다.

칫솔 사용하기

일단 반려견이 이 과정에 익숙해지면 칫솔로 치아를 닦기 시작합니다:

1 칫솔에 반려견 치약을 약간 묻히세요.

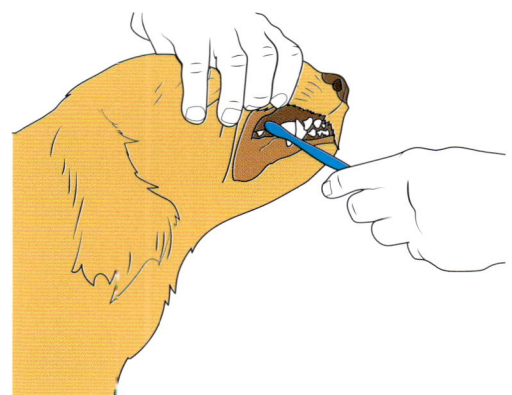

2 칫솔을 치아에 대고 동그라미 모양으로 문지릅니다.

3 안쪽니에서 시작해서 앞니까지 닦습니다.

4 반려견이 이 과정에 익숙해지면 윗니, 아랫니 각각 40초 정도 될 때까지 반려견 양치질 시간을 점차 늘려가세요.

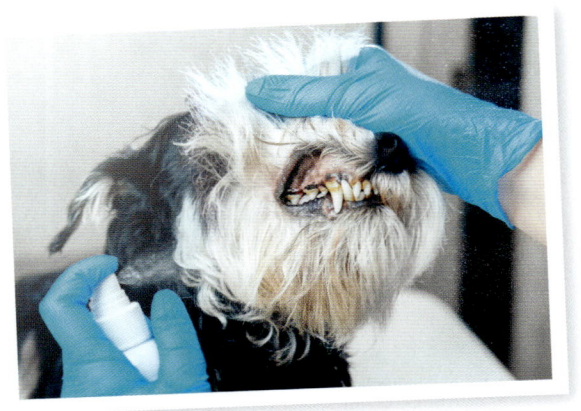

왼쪽: 구강 청결제는 펫샵이나 동물병원에서 구입할 수 있고 반려견의 일상적인 치과 관리용품으로 사용될 수 있다. 스프레이를 사용하면 좀 더 쉽고 효과적이다.

양치질의 대안

반려견이 끝까지 양치질을 거부하면 치아 건강을 유지하도록 도울 수 있는 다른 방법이 있습니다. 치아 건강에 식단은 중요한 요인이어서 습식에서 건식으로 변경하거나 이 두 가지를 혼합하면 반려견 치아 건강에 도움이 됩니다. 식단을 변경하기 전에 그 변경이 반려견 건강의 다른 측면에 부정적인 영향을 주지 않을 지 수의사에게 조언을 구해야 합니다.

비록 양치질만큼 효과적이지 않지만 반려견용 덴탈껌을 구입하는 것이 가능한데 이는 치아의 플라그 형성을 줄이는데 도움이 됩니다. 펫샵이나 동물병원에 있는 클로로헥시딘 기반의 반려견용 구강 청결제 역시 입 안을 깨끗하게 유지하는데 도움이 될 수 있습니다.

오른쪽: 반려견 식단에 건식을 포함하면 치과 위생에 이로우나 식단의 변화는 천천히 진행되어야 한다.

치아 건강

왼쪽: 덴탈껌이 양치질만큼 효과적이지 않지만 양치질과 더불어 플라그 형성을 줄이는데 사용될 수 있다.

오른쪽: 평소보다 자주 막대기나 나무를 씹는다면 치통의 징후일 수 있다 (특히 어린 반려견의 경우).

아래: 치아가 부러지거나 흔들리는 것은 반려견에게 흔한 문제이다. 입 안에 어떤 변화가 있다면 동물병원에 데리고 간다.

동물병원에 데리고 가야할 때

반려견의 치아나 잇몸에 문제가 없는지 매달 치아검사를 해야 한다. 만일 다음 징후 중 하나라도 발견되면 동물병원에 데려간다.

- 침 흘림
- 구취
- 농양
- 붉거나 붓고 또는 피나는 잇몸
- 먹을 때 통증
- 식욕 상실
- 입에 발을 대는 행위
- 치아가 느슨하거나 깨지거나 부러지거나 빠짐
- 상처들
- 침, 콧물 속 혈흔

발톱 손질하기

대부분의 반려견은 부상과 감염을 일으킬 수 있는 발톱 걸림과 부러짐을 막기 위해 매달 발톱 손질이 필요할 것입니다. 일반적으로 반려견은 발톱 손질을 즐기지 않습니다. 그러므로 과정에 익숙해지도록 반려견이 어릴 때부터 손질을 시작하는 것이 좋습니다.

처음으로 반려견 발톱을 손질한다면 먼저 동물병원에서 어떻게 안전하게 손질하는지 보고 배우는 것이 가장 좋습니다. 만약 손질 과정이 온전히 익숙하지 않다면 동물병원에 가서 발톱을 손질하는 것을 보여 달라고 하는 것이 최선입니다.

반려견 발톱용으로 사용하기에 가장 좋은 발톱깎이는 가위 모양보다 길로틴 모양이 좋습니다.

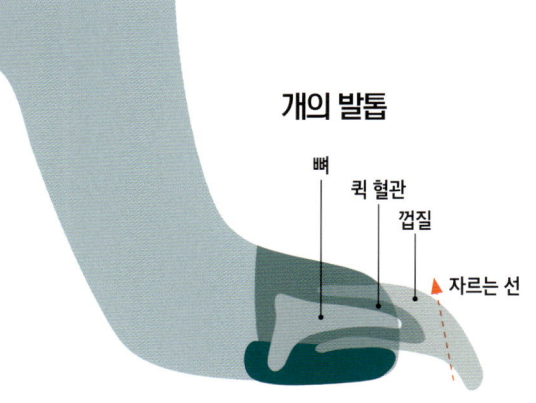

위: 가정에서 반려견 발톱을 손질하려면 길로틴 모양의 발톱깎이를 사용한다. 발톱 끝을 구멍에 넣고 손잡이를 눌러 칼날이 내려오도록 한다.

개의 발톱

뼈
퀵 혈관
껍질
자르는 선

위: 퀵 혈관을 자르지 않도록 조심하면서 "자르는 선" 까지 손질한다. 잘못해서 퀵 혈관을 잘랐다면 깨끗한 거즈로 압박해서 지혈한다.

왼쪽: 어떤 견종은 뒷발에 2개의 며느리 발톱이 있음을 주의한다.

며느리 발톱 2개

이상적인 길이의 발톱

NOTE:
반려견이 스트레스를 받거나 불안해하면 손질을 중지하고 나중에 다시 합니다.

반려견 발톱 손질 방법

반려견 발톱을 손질할 때, 다음의 순서대로 하세요:

1 반려견이 편안해 보이고 졸려할 때까지 기다리세요. 그리고, 밝은 빛이 충분해야 합니다.

2 소형견의 경우 테이블이나 보호자 무릎 위에 올려 놓으세요. 대형견의 경우 바닥에 편안한 자세로 앉게 하고 발톱을 손질합니다.

3 손질할 발톱의 반대편에 보호자가 자리를 잡습니다. 반려견이 누운 자세로 움직이지 않도록 합니다.

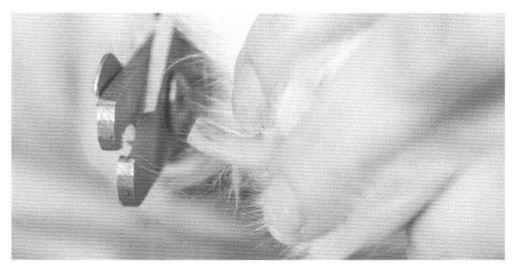

6 발톱 중앙을 따라 흐르는 퀵 혈관을 자르지 않도록 매우 조심하면서 발톱 끝 밝은 색 부분에서 소량 잘라냅니다.

7 발톱이 까매서 퀵 혈관이 잘 보이지 않으면 발톱을 조금씩 자르고 발톱 가운데를 살펴보세요. 손질한 발톱의 상단 표면에 회색-분홍빛 타원이 보이면 다듬기를 중지합니다.

4 반려견 몸 위에 양 팔을 올리고 한 팔로 머리를 들지 못하도록 합니다. 한 손으로 반려견 발을 잡고 다른 손으로는 발톱깎이를 잡도록 하세요. 그리고, 발톱깎이 링 속에 반려견 발톱을 넣도록 합니다.

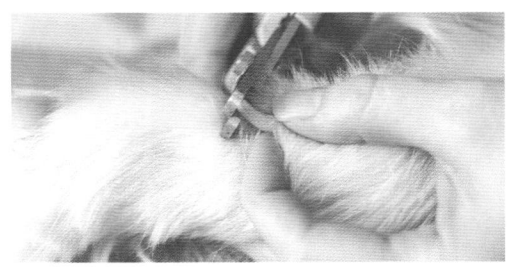

8 앞발에서 시작해서 발톱을 계속 손질해 나가고 며느리 발톱 손질을 잊지 마세요 (며느리 발톱: 다른 발톱보다 다리 위쪽에 위치한 발 안쪽 면의 발톱).

9 뒷발의 발톱도 확인해보세요. 앞발의 발톱처럼 자주 손질할 필요는 없을 겁니다.

5 밑에서 위로 또는 위에서 밑으로 발톱을 깎으세요. 좌우로 말고요.

예방접종

예방접종은 반려견 건강을 위해 중요합니다. 동물병원에서 제공하는 필수 예방접종은 위험하고 때로는 치명적인 질병으로부터 반려견을 보호하는 것이 과학적으로 입증되었습니다.

어린 강아지는 대개 생후 6주에서 8주 사이에 흔히 발생할 수 있는 질병에 대한 예방접종을 합니다. 초기 접종 후 2주 간격으로 수회에 걸쳐 추가 접종을 실시합니다. 최초 예방접종 후 1년에 한 번씩 예방접종 예약을 위해 동물병원에 데려가야 합니다. 만일 예방접종을 한 번도 한 적이 없거나 15개월 넘게 예방접종을 받은 적이 없다면 동물병원에 데려가서 어떤 백신 접종이 필요한 지 상담해 보세요.

NOTE:
두 번째 예방접종을 할 때까지는 집 밖에 나가지 못하도록 하세요. 외부로 나가려면 얼마나 기다려야 하는지 수의사에게 문의하세요.

아래: 성인견은 생후 6주에서 12주 사이 최초 예방접종 후 1년에 한 번씩 접종을 위해 동물병원에 방문할 필요가 있다.

예방접종 **29**

최초 예방접종은 일반적으로 다음 질병을 예방합니다:

- 홍역
- 기관지염
- 파보바이러스
- 파라인플루엔자
- 렙토스피라증
- 제1, 2 아데노바이러스

왼쪽: 일반적으로 생후 12주 동안 6가지 중증 질환에 대한 예방접종을 하고 평생토록 추가 접종이 필요하다.

아래: 반려견을 해외로 데려갈 예정이라면 앞서 계획을 세워야 한다. 적어도 여행 6개월 전에 추가 예방접종이 필요할 것이다.

예방접종의 위험

예방접종과 관련된 위험은 매우 낮으며 문제가 발생하더라도 접종을 통한 이득이 훨씬 큽니다. 매우 드물긴 하지만 (대개 지병이 있을 때) 백신을 주사한 부위가 부어 오르는 문제가 발생할 수 있으나 이것은 소염제로 다스릴 수 있습니다.

예방접종 후 반려견이 불편해 보이면, 예를 들어 무기력, 발열, 구토, 설사 등의 징후를 보이면 동물병원에 데려가야 합니다.

해외여행

반려견을 해외로 데려가려고 한다면 목적지 국가에서 법적으로 필요한 "반려동물 여권 pet-passport" 취득 자격을 위해 추가 예방접종이 필요할 수 있습니다. 반려견을 데리고 해외로 나갈 계획이라면 추가 예방접종 시간을 확보하기 위해서라도 적어도 여행 6개월 전에 목적지 대사관에 문의 후 동물병원에 데려가세요.

정신적 자극

사람과 마찬가지로 반려견도 건강을 유지하려면 정신적 자극이 필요합니다. 정신적 자극은 하루의 일정 시간 혼자 남겨지는 반려견을 위해 특히 중요합니다.

야생에서 개는 먹을 것을 찾아 여기 저기 헤집고 다닙니다. 먹이를 탐색해야만 하고 하루의 상당한 시간을 사냥하는데 보낼 것입니다. 이러한 활동은 하루에 2, 3번씩 그릇에 사료를 받아먹는 요즘 반려견의 생활과는 많이 대조적입니다.

오른쪽: 퍼즐 피더는 반려견의 자연스런 행동을 유도하고 집에 있는 동안 정신적으로 자극을 주는 훌륭한 수단이다.

"사냥" 게임

아마도 반려견이 충분한 정신적 자극을 받을 수 있도록 하는 가장 좋은 방법은 먹이 찾기 게임 입니다. 우선 단순히 밥그릇 위치를 옮겨 주거나 집 주변 여러 곳을 옮겨 다니며 먹이를 주기만 해도, 반려견이 타고난 본능으로 음식을 "사냥"하도록 자극을 줄 수 있습니다.

또한, 퍼즐 피더에 건식 사료를 숨겨서 식사를 더 어렵게 만들 수도 있습니다. 펫샵에서 다양한 종류의 퍼즐 피더를 구할 수 있지만 보호자가 직접 집에서 만들 수도 있을 거예요.

보호자가 외출했을 때 반려견을 재미있게 해주는 또 다른 방법은 잘게 썬 당근 조각과 같은 작은 음식을 집 주변에 숨겨두는 것입니다. 처음에는 찾기 쉬운 곳에 간식을 숨겨두고 반려견이 감을 잡고 익숙해지면 게임을 더 어렵게 만드세요. 이 게임을 하도록 반려견을 훈련시킬 때 목표물이 있는 방향으로 가도록 격려하고 숨겨둔 간식을 찾으면 많은 칭찬을 해줍니다.

오른쪽: 다양한 게임을 하게 되면 반려견의 웰빙에 긍정적인 영향을 준다.

음식 퍼즐 만들기

소형견 용으로 간단한 음식 퍼즐을 만들려면 다음 순서대로 하세요:

1 테니스 공에 작은 구멍을 내고 그 안에 간식을 넣어요.

2 구멍 크기는 키블 사료 조각이 나올 정도면 되지만 쏟아질 정도로 너무 크면 안됩니다.

3 반려견에게 공을 주세요. 먹을 것을 모두 꺼낼 때까지 계속 가지고 놀 거예요.

4 흔들어야만 내용물을 빼낼 수 있는 튜브나 용기에 간식을 넣어서 비슷한 장난감을 만들 수 있습니다.

NOTE:
이런 종류의 장난감은 대형견에게 사용하면 안돼요. 턱 힘이 강해서 테니스 공을 산산조각 낼 수 있으니까요.

노령견에게 새로운 기술 가르치기

보호자가 집에 있는 동안 반려견을 즐겁게 하기 위해 박스, 장난감, 담요로 장애물 코스를 만드는 등 모든 다양한 종류의 활동을 시도해 볼 수 있습니다. 컵 셔플 게임도 해볼 수 있습니다. 컵 속에 간식을 숨긴 후 컵이 이리 저리 움직이는 것을 보게 하여 간식이 숨겨진 컵을 고르게 할 수 있습니다.

훈련은 반려견 두뇌를 활성화시킬 수 있는 또 다른 좋은 방법입니다. "앉아", "기다려" 와 같은 기초적인 것 이외에 가르칠 수 있는 기술이 많이 있습니다.

반려견이 좋아하는 장난감 이름을 가르치고 보호자가 얘기하면 그 장난감을 가져오도록 훈련시킬 수 있습니다.

오른쪽: 간단한 기법을 터득하는 훈련으로 시작한다. 이렇게 하면 보호자와 반려견에게 가장 좋은 방법이 무엇인지 이해하는데 도움이 되고 훈련과정에 익숙해지게 될 것이다.

이러한 게임은 반려견의 행복감을 높일 뿐만 아니라 신체건강을 유지하고 보호자와 반려견 사이의 유대관계를 더 깊게 해줄 것입니다.

NOTE:
착지할 때 다칠 수 있으니 미끄러운 표면에서 뛰어다니지 못하게 하세요. 대형견은 가구가 없는 야외에서 뛰어야 합니다.

아래: 가정에서 장애물 코스를 만드는 것은 반려견을 즐겁게 하고 유대관계를 형성하고 새로운 명령을 가르치는 훌륭한 방법이 될 수 있다.

- 반려견이 그 물건에 익숙해지도록 냄새를 맡게 한다
- 작은 성공이라 할 지라도 시도할 때마다 칭찬한다
- 공간이 좁으면 골판지 상자 대신 담요, 수건 등을 이용한다
- 반려견에게 간식으로 보상하거나 반려견이 클리커 교육을 받았다면 *프리 쉐이핑을 통해 스스로 코스를 파악하도록 한다

  * 프리 쉐이핑 free shaping : 목표 행동을 위해 단계별로 보상하면서 행동을 완성하는 클리커 훈련 기법

- 높이를 다르게 하고 반려견 능력에 맞게 코스를 조정한다
- 베개 밑에 장난감을 숨기고 반려견에게 찾아보게 가르친다

정신적 자극 33

숨바꼭질

작고 간단한 게임은 향후의 더 복잡하고 다양한 학습에 좋은 출발점이 될 수 있다. 숨바꼭질 게임은 성공과 보상의 기본 개념을 가르칠 수 있다.

- 장난감의 이름을 결정한다.
- 반려견 앞에 장난감을 두고 그 이름을 말하면 반려견이 장난감을 건드릴 때마다 칭찬한다.
- 반려견이 요령을 터득하면 다른 장난감을 추가하고 반려견이 올바른 장난감을 고를 때 칭찬한다.
- 반려견이 장난감 이름을 하나 이상 알게 되면 집 주변에 장난감을 숨기고 그것을 찾아보라고 지시할 수 있다.

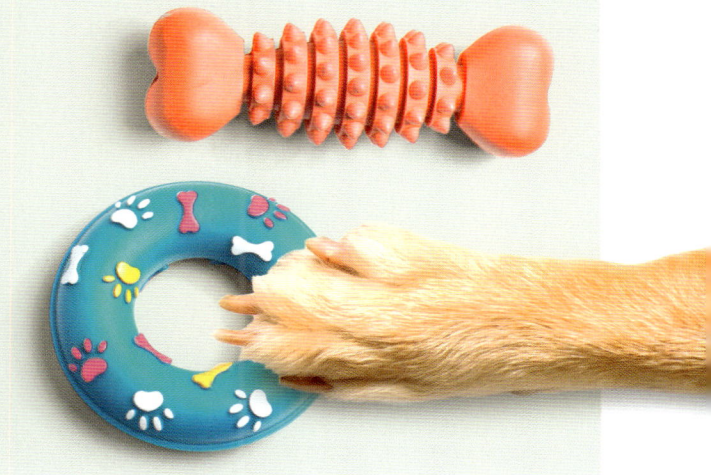

행동 이해하기

반려견과의 의사소통이 효과적으로 되지 않으면 보호자는 어려움을 느낍니다. 반려견은 다양한 감정을 가지고 있고 보호자가 그 감정을 잘 읽어낼 수 있다면 좋은 유대관계를 가질 수 있습니다. 다행히 반려견의 바디 랭귀지를 통해 많은 것을 짐작할 수 있는데 이런 미묘한 움직임을 파악하면 의사소통이 안되어 좌절하는 일은 없을 거예요.

편안함

반려견이 행복한 지 어떻게 알 수 있을까요? 반려견이 행복하다면 자세가 어떻든 편안해 보일 겁니다. 서 있을 때 편안한 자세를 취하고 꼬리는 아래로 내려가거나 중립 위치에 있을 것입니다. 서 있든 앉아 있든 혹은 누워 있든 편안한 상태에서 반려견 귀는 앞을 향하지 않고 자연스럽게 위를 향해 있을 것입니다. 고개는 높이 들고 입을 벌려서 혀를 노출하지요. 반려견 체중은 주로 평평한 앞발에 실릴 것입니다.

오른쪽: 중립 자세에서 나오는 신호는 모든 반려견에 동일하다. 반려견이 언제 편안함을 느끼는지 알 수 있도록 친숙하게 지내도록 한다.

- 중립 자세
- 고개가 높이 고정됨
- 중립 자세 꼬리
- 입은 벌리고 혀는 노출됨
- 편안한 상태
- 앞발에 체중이 실림
- 꼬리는 아래로 평평하고 움직이지 않음

행동 이해하기 35

귀가 들려있음

꼬리 흔들기

장난기가 가득함

입은 벌리고

몸의 뒷부분이 바닥에서 높이 올라감

상체가 바닥으로 내려감

앞다리가 구부러짐

왼쪽: 흥분을 잘하는 반려견은 구부러진 자세를 보일 것이다. 이 상태에서 꼬리는 흔들고 귀는 쫑긋 세우고 같이 놀자고 할 것이다.

아래: 반려견이 언제 불안해 하는지 인지하는 법을 배우도록 한다. 이런 행동을 보이면 안전하고 편안한 환경으로 반려견을 옮긴다.

놀고 싶어요

반려견이 놀고 싶어하면 일반적으로 상당히 활동적이고 많이 움직일 것입니다. 놀이를 하고 싶다는 신호는 대개 앞다리를 구부리고 상체는 바닥으로 낮춥니다. 반면에 하체는 바닥에서 높이 들고 꼬리는 공기 중으로 이리저리 흔들며 세우는 자세를 보입니다. 이 때 반려견의 귀는 쫑긋 세우고 입은 벌리고 아마도 혀를 드러낼 것입니다.

겁나요

반려견이 두려움을 느낄 때의 바디 랭귀지는 단순히 불안감을 느끼는 경우보다 알아채기가 더 쉽습니다. 겁을 먹으면 반려견은 매우 순종적으로 변합니다. 등을 구부리고 꼬리를 집어 올리고 오줌을 찔끔할 수 있어요. 귀는 평평하게 뒤로 펴지고 시선을 피하려고 고개를 돌릴 것입니다. 입꼬리는 뒤로 약간 젖혀지고 눈의 일부분이 살짝 감길 거예요.

경계

반려견이 새로운 소리, 새로운 냄새 같은 무언가에 주의를 기울이고 있다면 앞다리에 체중 대부분이 쏠리며 서 있는 자세일 것입니다. 꼬리를 몸과 수평하게 좌우로 움직이며 우뚝 서 있을 것입니다. 반려견 눈은 커지고 귀는 자극원을 향해 앞으로 향합니다. 입은 굳게 다물고 이마는 매끄럽게 펴질 것입니다.

불안함

두려운 상황에서는 반려견이 평소 무서워하거나 사회적 지위가 높다고 여겨지는 누군가에게 순종적으로 행동할 것입니다. 몸을 낮추고 발바닥은 땀에 젖어 바닥에 발자국을 남길 수 있습니다. 때로는 앞발을 들기도 하죠. 꼬리는 바닥을 향해 낮아지며 약간 흔들리기도 하고 귀는 뒤로 젖혀질 것입니다. 눈은 오래도록 마주치지 않으려 하며 허공에 대고 핥으려 하거나 힘 있는 다른 반려견 또는 사람 얼굴을 핥으려 합니다.

불안함

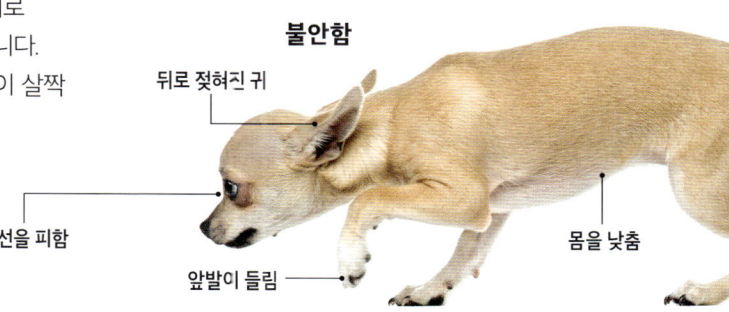

뒤로 젖혀진 귀

시선을 피함

앞발이 들림

몸을 낮춤

지배하려 하고 공격적인 자세
- 동공 확장
- 주름진 이마
- 주름진 코
- 말린 입술
- 이빨과 잇몸을 드러냄
- 곤두선 털

두려워하며 공격적인 자세

왼쪽과 위: 지배적인 공격 자세 또는 두려워하는 공격 자세를 취하면 원인이 무엇인지 찾도록 해야 한다. 주변환경을 잘 기억하고 문제 해결을 위해 수의사 또는 반려동물 행동 교정사에게 반려견을 데려가는 것을 고려한다.

지배하려 하고 공격적인 자세

반려견이 자신감이 넘치고 공격성이 강하면 상대보다 우위에 있음을 자세로 보여준다. 만일 도전을 받는다면 공격적으로 행동할 수 있다고 상대를 위협합니다. 목 뒤의 털이 일어나서 덩치가 더 크게 보이게 하고 꼬리는 하늘을 향해 뻣뻣하게 곤두섭니다. 앞다리에 체중 대부분이 실리는 등 몸이 뻣뻣해 보이죠. 귀는 앞으로 향하고 이마에는 주름도 보이고요. 코에 주름이 잡히고 입술이 말리면서 이빨과 잇몸을 드러냅니다.

두려워하고 공격적인 자세

반려견이 위협을 느끼긴 하지만 승복하지 않을 경우 여차하면 상대방을 공격할 태세를 취합니다. 이 상황에서 몸 전체를 바짝 낮추고 다리 사이에 꼬리를 말아 넣습니다. 목 뒤의 털은 위로 솟고 귀는 뒤를 향합니다. 코에 주름이 잡히고 입술이 말리지만 이빨과 잇몸이 잘 보이진 않습니다. 또한 반려견 동공이 커지는 것을 볼 수 있죠.

소리 해석하기

일반적으로 반려견은 다른 반려견뿐만 아니라 사람과의 의사소통을 위해 바디 랭귀지와 소리를 이용합니다. 어떤 반려견은 다른 반려견들 보다 소리를 더 적극적으로 내기도 하고, 나이에 따라 달라지기도 합니다. 반려견이 수다스럽든 조용하든 의사소통을 위한 소리를 보호자가 해석할 수 있으면 좋습니다.

짖기

반려견은 다양한 유형으로 짖는데 보호자는 긍정적인 짖음과 부정적인 짖음의 차이를 구분하는 유일한 사람일 것입니다. 원래 반려견이 짖는 것은 낯선 사람 또는 주인이 집에 왔음을 알리는 경고의 의미로 사용되었습니다. 일반적으로 낮은 톤의 짖음은 상대를 지배하거나 위협적인 행동을 보여주고, 반면에 높은 톤의 짖음은 두려움을 뜻합니다. 높은 톤으로 반복해서 짖는 것은 반려견이 불안하거나 겁을 먹은 것이고 중간 톤의 짖음은 주의를 끌고자 함이거나 놀아 달라는 의미입니다. 반면에 날카로우면서 지속적인 중간 톤의 짖음은 보호자에게 음식이나 놀이용 공 같은 뭔가를 바란다는 의미일 수 있습니다. 왜 짖는지 잘 모르겠다면 반려견의 바디 랭귀지와 짖음을 동시에 고려해 보세요.

으르렁거림
만일 공격적인 바디 랭귀지와 함께 낮은 소리로 으르렁거리면 공격의 신호일 수 있습니다. 반면에 높은 톤으로 소리를 내는 것은 재미있게 놀고 있음을 뜻할 수 있습니다. 더 조용하고 낮은 톤으로 으르렁거리면 밖에서 무슨 소리가 들렸음을 의미합니다.

하울링
하울링은 사람을 대상으로 하기보다는 대개 반려견들 사이 커뮤니케이션의 한 형태로 생각됩니다. 사이렌 소리와 같은 고음에 의해 하울링이 촉발되기도 하며 때로는 고통스러움의 신호이기도 합니다.

우는소리/비명소리
우는 소리와 비명소리는 일반적으로 아파서 그런 것이지만 흥분했을 때도 우는 소리를 낼 수 있습니다.

낑낑거림
낑낑거리는 것은 다양하게 활용되는 소리이며 몇 가지 의미를 가질 수 있습니다. 그 소리는 일반적으로 높은 톤의 콧소리인데 대개는 뭔가를 원한다는 의미입니다. 밖으로 나가게 해 달라거나 먹을 것을 달라는 요청일 수 있죠. 이 소리는 두려움 또는 불안감을 나타낼 때 사용되기도 합니다.

한숨
반려견은 때때로 씩씩거리거나 한숨을 쉬거나 신음소리를 내기도 합니다. 이 소리들은 만족스럽거나 반대로 실망감을 나타내는 신호일 수 있죠. 예를 들면 자려고 누웠을 때 한숨을 쉴 수 있고 반면이 뭔가를 요구했는데 이루어지지 않아서 바닥에 털썩 주저앉아 한숨을 쉬기도 합니다. 반려견이 하품을 하면 사람처럼 피곤한 것이 아니라 불안하다는 신호입니다.

아래: 보호자가 집에 없을 때 하울링을 한다면 반려견에게 분리불안증이 있을 수 있다. 수의사나 반려동물 행동교정 전문가에게 조언을 구한다.

다양한 소리

훈련 시키기

반려견을 훈련시키는 방법은 많이 있습니다. 훈련은 어릴 때 시작하는 것이 가장 좋지만 보호소에서 데려온 노령견이라도 여전히 훈련 효과는 있어요. 어린 반려견은 생후 7주에서 8주 사이에 기본적인 명령을 배우기 시작합니다.

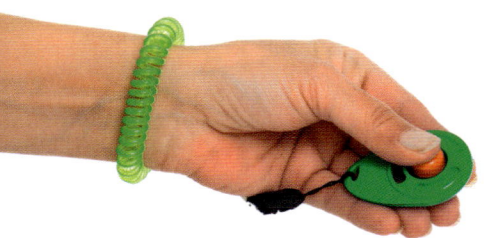

NOTE:
반려견 훈련은 시간이 걸리고 보호자 입장에서는 많은 인내심이 필요함을 기억하세요. 잘한 행동에 보상을 주어서 반려견이 배우도록 하세요. 절대 혼내지 마세요. 공격적으로 무는 것과 같이 반려견이 뭔가를 잘못했다면 분명하게 "안돼!" 라고 말하고 돌아서 버리세요. 얌전하게 놀면 보상을 하시고요. 반려견이 혼동하지 않게 한 번에 한 가지 기술만 가르치려고 하세요. 그리고, 전 과정을 통해 지속적인 신호와 보상을 주도록 노력해야 합니다.

훈련 받은 적 없는 반려견에게 우선 고려해야 할 것은 사회적 관계 기술을 개발하는 것입니다. 이렇게 하려면 어린이를 포함한 많은 사람과 접촉하고 가능하다면 다른 친절한 반려견들과도 접촉해야 합니다. 보호소에서 온 반려견은 다른 반려견이나 사람들과 무리없이 어울리는데 좀 더 오래 걸릴 수 있겠네요.

일단 기본적인 사회적 관계 기술을 습득했으면 다른 것도 배울 수 있도록 훈련을 시작합니다. 어린 강아지는 주의 집중 시간이 짧으니 교육시간을 짧게 하세요. 반려견의 연령대와 상관없이 훈련을 시킬 수 있지만 어린 반려견이 더 빨리 배울 것입니다.

자기 이름을 인지하는 것부터 보호자가 원할 때 앉고, 눕고, 기다림을 아는 것까지 매우 다양한 행동을 수행하도록 가르칠 수 있습니다. 원하는 목표나 반려견의 연령과 상관없이 훈련의 기본 원칙은 동일합니다. 훈련 과정 동안 반려견은 부정적인 강화자극에 반응하지 않음을 기억하세요. 항상 긍정적 강화만이 반려견이 배우도록 도울 수 있는 최선의 선택입니다.

위, 오른쪽: 반려견 훈련의 가장 좋은 방법은 관심 또는 음식을 이용 한 긍정적 강화이다. 간식 남용을 방지하기 위해 나중에 클리커를 이 훈련 과정에 포함시킬 수 있습니다.

반려견을 위한 훈련체계 개발

반려견이 위축되거나 스트레스를 받지 않도록 짧은 세션으로 시작하세요.
시간이 지나면 세션을 좀 더 길게 늘릴 수 있습니다.

1 무엇을 하도록 훈련시킬 것인지 정확히 결정하고 말로 된 신호를 주세요. 반려견 이름을 가르치고 싶다면 그 이름이 신호가 됩니다. 앉는 것을 가르치고 싶다면 신호로서 "앉아!"라는 단어를 선택할 수 있습니다. 이 신호를 말할 때 잘 들리도록 하세요.

2 행동을 강화하세요. 반려견이 신호에 반응하면 좋아하는 간식을 주어서 행동을 강화시키면 됩니다. 말로 칭찬을 할 수도 있고 쓰다듬어 주는 행동이나 놀이 등을 통해 관심을 보여줌으로써 강화시킬 수도 있습니다.

3 반려견 이름을 말할 때마다 간식을 줄 수는 없으니 클리커를 사용하는 것이 유용한 도구가 될 수 있습니다. 반려견에게 보상을 줄 때마다 동시에 클리커를 눌러 딸깍하세요. 이렇게 하면 반려견은 클리커 소리와 보상을 연관시키기 시작합니다. 나중에는 클리커를 보상으로 사용할 수 있어야 합니다. 하지만 매번 아니더라도 가끔은 간식을 주세요.

4 이 과정을 적어도 매일 15분씩 진행하세요. 신호에 반응할 때마다 반려견에게 보상하세요. 만일 엎드리는 것을 가르치려면 바닥에 앉을 때 간식을 주는 것으로 시작합니다. 일단 앉기를 배우면 바닥으로 더 낮게 움직일수록 단계별 보상을 시작하세요.

간식을 주면서 명령어를 강화한다

앉아!

분명하게 말하고 매번 같은 명령어를 사용한다

칭찬과 클리커로 간식을 대체한다

기다려!

매번 새로운 명령어와 함께 간식 보상을 다시 시작한다

엎드려!

식단

영양은 반려견의 건강에 매우 중요합니다. 매우 다양한 식단을 선택할 수 있습니다. 반려견에게 무엇을 먹여야 할 지, 어떤 제품을 선택해야 할 지 어떻게 알 수 있죠?

야생 상태의 개에게 필수적인 몇 가지 성분이 있는데 개가 길들여진 이후에도 이 필수영양소는 변하지 않았습니다. 탄려견은 잡식성이지만 식단은 대부분 육류로 구성되어야 합니다. 반려견은 동물성 식품에 있는 영양소가 필요하거든요.

반려견에게 무엇을 먹여야 하나요?

반려견 사료는 전형적으로 습식, 반습식, 건식의 3개로 분류되어 있습니다. 마트에서 판매 중인 애완동물용 사료는 관계기관에 의해 승인을 받았으며 이는 반려동물을 위한 필수 영양소가 들어있음을 의미합니다. 제품 라벨에 적혀있는 성분표시를 보고 반려견 사료를 비교할 수가 있습니다. 라벨 윗부분에 육류, 해산물 또는 육류 가공품이 들어있는 사료를 찾아보세요. 이 사료에 탄수화물과 곡물이 포함될 수 있는데 일반적으로 주식인 육류 성분과 함께 섭취하면 식단에 도움이 됩니다.

어린 강아지는 성인견과는 필수 영양소가 다르기 때문에 연령에 잘 맞는 반려견 사료를 주어야 합니다. 어린 강아지는 건강하게 성장하기 위해 필요한 모든 영양소를 공급받을 수 있도록 고품질의 키블 kibble 사료를 먹어야 합니다. 원한다면 반려견 식단에 쌀과 채소와 같은 다른 요소를 소량 첨가할 수 있습니다. 어린 반려견 사료에서 성인견 사료로 바꾸는 연령은 견종에 따라 다릅니다. 작은 견종의 경우 생후 약 12개월에 바꿀 수 있고 큰 견종의 경우 생후 18개월에서 24개월 까지 걸릴 수 있습니다.

1살~7살의 개
완벽한 건강을 위해 반려견은 비타민, 미네랄 그리고 필수지방산이 충분히 공급된 균형 잡힌 식단이 필요합니다. 이것은 치아, 뼈, 눈을 건강하게 하고 신진대사와 성장에 도움이 됩니다

4주~4개월 된 반려견
어린 반려견은 빠른 속도로 자라기 때문에 소량의 균형 잡힌 식단과 규칙적 식사가 근육 발달, 윤기나는 털, 건강한 피부와 뼈, 그리고 좋은 시력을 위해 필수적이다

건식 사료

습식 사료

반습식 사료

왼쪽: 식단은 반려견의 개별적인 기호나 건강 요건 뿐만 아니라, 연령대의 특정 요구사항을 반영하여 지속적으로 조절되어야 한다.

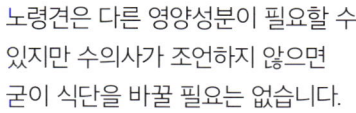
노령견은 다른 영양성분이 필요할 수 있지만 수의사가 조언하지 않으면 굳이 식단을 바꿀 필요는 없습니다.

7살 이상의 노령견
노령견 사료는 소화가 쉽고 면역체계와 관절 건강을 위해 필요한 모든 영양소가 포함되어 있다. 그러나 고단백 식품은 일반적으로 노령견에게 적합하지 않다

NOTE:

습식, 반습식, 건식 사료 중 어떤 것을 선택할 지는 발달 단계와 선호도에 따라 다릅니다. 어떤 반려견은 건식 사료를, 어떤 반려견은 습식 사료를, 어떤 반려견은 혼합 식품을 좋아하지요. 키블 사료만 주는 것도 괜찮습니다. 반려견에게 새로운 사료를 시도할 때 조금씩 양을 늘리면서 건강을 살피세요. 사람처럼 반려견도 음식 알레르기가 있답니다.

습식 사료

습식 사료
습식 사료는 일반적으로 캔으로 제공되며 반려견을 위한 음식과 수분의 좋은 공급원입니다. 많은 반려견은 습식 사료를 좋아하지만 반면에 어떤 반려견은 키블 사료를 선호합니다. 습식 사료는 좀 비싼 편입니다. 풍미가 다양하며 개봉하지 않고 장시간 보관할 수 있습니다. 일단 개봉하면 냉장 보관하고 하루 이틀 내에 먹이도록 하세요.

반습식 사료
반습식 사료는 대부분 육류와 곡물류의 재료를 혼합한 육류 제품으로 구성됩니다. 어떤 반려견은 습식보다는 반습식 사료를 더 좋아하지만 주의할 점은 반습식 제품이 설탕과 소금 함량이 높은 경우도 있어서 어떤 반려견에게는 적합하지 않을 수 있어요.

건식 사료
건식 사료 또는 키블은 일반적으로 한입 크기의 건조된 형태로 출시됩니다. 건식 사료는 대개 같은 양의 습식 사료 보다 저렴하고 유통기한이 길어서 몇 달 동안 보관할 수 있습니다. 건식 사료는 반려견과 보호자 모두에게 인기가 좋습니다. 주기도 쉽고 하루 종일 밥그릇에 둘 수 있어서 반려견이 알아서 먹을 수 있죠. 키블 사료로만 된 식단이 반려견 건강을 위해서는 완벽할 수 있습니다. 건식 사료는 밀폐용기에 담아서 서늘하고 건조한 장소에 보관하세요.

홈메이드 식품
반려견 음식을 직접 만드는 것은 별로 권장하고 싶지 않아요. 시간도 오래 걸리고 반려견 건강에 필수적인 영양소가 적절히 함유되어 있는지 확인할 수가 없으니까요. 그럼에도 홈메이드 식단을 먹일 계획이라면 수의사 선생님께 한 번 물어보세요.

건식 사료

간식
반려동물 식품 코너에는 간식의 종류가 매우 많습니다. 간식은 균형 잡힌 전체 식단의 일부로만 가끔 제공하고 전체 칼로리 섭취의 15%를 넘지 않도록 해야 합니다.

날 음식
시중에서 판매되는 대부분의 반려견 식품은 조리되어서 나오지만 날 음식을 구입할 수도 있습니다. 그렇지만 이 날 음식은 일반적으로 권장하지 않습니다. 날 음식이 조리된 식단보다 반려견 건강에 더 좋은 것은 아니니까요.

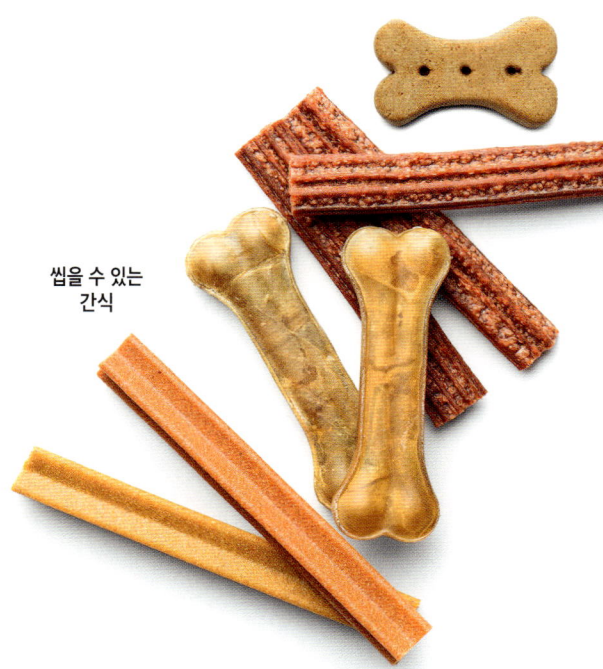

씹을 수 있는 간식

가정에서 날 음식을 준비하지 마세요. 모든 영양소가 골고루 함유된 홈메이드 식단을 만드는 것은 매우 어렵습니다. 날 음식은 반려견, 보호자와 다른 식구들에게도 건강상의 위험을 초래할 수도 있는데 특히 면역력이 약한 사람이나 임산부에게 위험합니다. 날 음식에는 해로운 박테리아와 조리를 했다면 살균되었을 다른 유기체도 여전히 남아있을 수 있죠.

시중에서 날 음식을 구해 반려견에게 먹일 계획이라면 그것이 정말 반려견을 위해 좋은 선택이 될 지 확인하기 위해 먼저 수의사 선생님과 상담 약속을 잡으세요.

NOTE:
어린 반려견에게 날 음식을 주지 마세요. 면역체계가 미성숙해서 많은 양의 박테리아를 이겨내지 못할 수 있으니까요.

언제 식사를 주어야 하나?
생후 16주까지 반려견이 어릴 때는 하루 종일 규칙적으로 소량의 식사를 제공해야 합니다. 생후 16주가 지나면 하루에 2끼 식사로 점차 줄일 수 있습니다. 어떤 반려견은 식사량 조절을 잘하기 때문에 권장량만큼 주어진 한 그릇의 건식 사료로 충분합니다. 하지만 어떤 반려견은 먹는 것을 멈추지 않기에 비만과 같은 건강 문제를 일으킬 수 있습니다. 보호자가 주는 대로 반려견이 계속 먹는다면 제공할 사료 무게를 재서 두 끼로 나누어 주는 것이 가장 좋습니다.

반려견에게 위험한 음식

반려견 건강을 위해서는 오직 사료만 먹이는 것이 좋다. 사람이 먹다 남긴 음식을 간식처럼 주지 말고 특별하게 반려견 간식을 만들어 주자. 그렇게 하더라도 때때로 반려견은 사람이 먹는 음식을 훔치거나 찾아낼 수 있다. 다음 음식은 반려견이 먹어서는 안되니 주의해야 한다:

- 양파 및 마늘
- 날달걀 및 생고기
- 우유를 포함한 유제품
- 포도 및 건포도
- 술 (그리고 반려견 뱃속에서 알코올이 생성될 수 있는 밀가루 반죽)
- 초콜릿과 카페인
- 마카다미아 견과류
- 설탕 및 감미료
- 씨 있는 과일
- 토마토 (빨갛게 잘 익은 과육 부분은 괜찮음)
- 버섯
- 뼈 있는 닭

NOTE:
독성이 있는 뭔가를 먹었다고 의심될 경우 무엇을 해야 할 지에 대한 가이드는 160 페이지를 보세요.

반려견이 과체중인가요?

반려견에게 비만은 큰 문제인데요—특히 노령견에서—많은 보호자는 반려견이 과체중일 때 알아차리지 못합니다. 비만은 사람과 마찬가지로 반려견 건강에 아주 나쁜 영향을 끼칠 수 있습니다. 과체중 반려견은 기다 수명이 짧고 암, 당뇨, 심장병과 같은 질병에 걸릴 수 있습니다. 비만으로 인해 관절 문제와 관절염으로 고통 받을 수 있습니다.

그럼 반려견이 과체중인지 어떻게 알 수 있을까요? 확인할 한 가지 방법은 갈비뼈를 만져보는 겁니다. 반려견 어깨 바로 뒤에 있는 갈비뼈 부분의 피부층은 보호자 손등의 피부 보다 두껍지 않게 느껴져야 합니다. 만일 갈비뼈를 만지기 어렵다면 과체중일 수 있습니다.

맨 위: 비만은 반려견에게 흔하게 보이는 건강 문제이며 여러 가지 심각한 질병에 걸릴 가능성을 키울 수 있다.

위: 동물병원에서는 정기적인 체중관리 클리닉을 운영하고 있는데 이 클리닉에서 체중을 측정하고 체중감량 과정을 매우 주의 깊게 지켜볼 수 있다.

식단 45

수의사는 반려견 신체 상태를 점수화하고 체중을 조절하고 유지하는 방법에 대해 조언해 줄 수 있습니다.

사람과 마찬가지로 과체중의 원인은 대개 너무 많이 먹는데 비해 운동량이 적기 때문입니다. 반려견이 나이가 들어감에 따라 신진대사량은 감소하고 운동량은 줄어들기에 그에 따라 식단이 변경되어야 합니다. 반려견이 충분한 운동을 하는 것은 중요합니다. 움직이지 않고 앉아 있기만 하는 반려견은 과체중이 될 가능성이 높습니다.

과체중으로 의심되면 동물병원에 데려가는 것이 좋습니다. 수의사는 비만으로 인한 건강 문제가 없는지 확인하고 보호자와 함께 체중관리 계획을 세울 거예요.

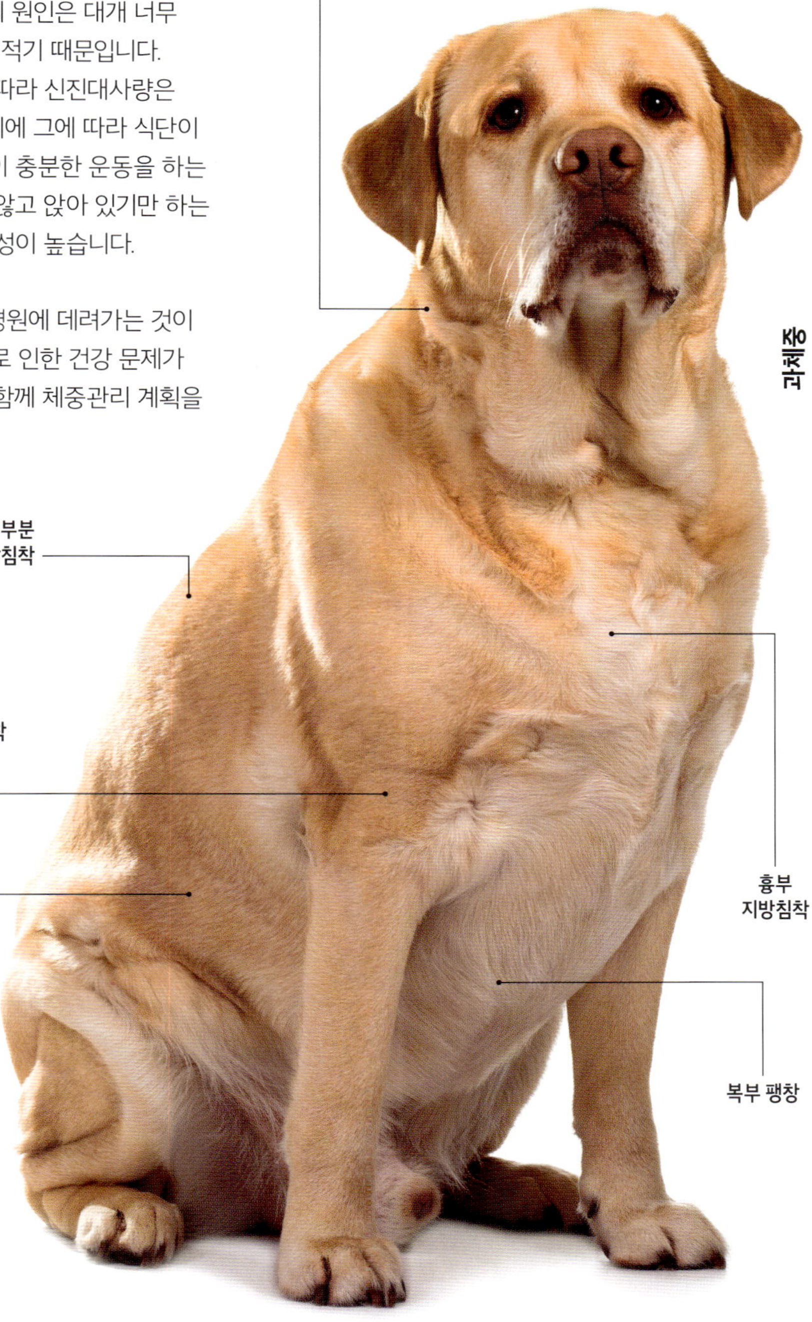

목 부분 과도한 지방침착

척추, 꼬리 부분 과도한 지방침착

다리 부분에 과도한 지방침착

복부, 허리 라인이 없음

오른쪽: 체중이 조금씩 늘어나면 보호자가 쉽게 알아채는 것이 어려울 수 있다. 비만의 징후가 있는지 살펴보고 만일 발견되면 동물병원에 데려간다.

과체중

흉부 지방침착

복부 팽창

반려견 체중 조절

식단 변화

식사 유형과 양을 조절하는 것이 체중 감량을 도울 수 있는 좋은 방법이긴 합니다만 식단 변경은 점차적으로 진행해야 합니다. 음식 섭취를 심하게 제재하는 것은 위험합니다. 원할 때마다 계속 주는 것 보다는 끼니 형태로 주는 것이 좋습니다. 동물병원과 펫샵에는 건강한 방식으로 체중 감량을 도울 수 있도록 특별히 고안된 체중 감량용 다이어트 식품이 많이 있고 관련 조언도 해줍니다. 반려견이 뚱뚱하다면 수의사가 체중 감량용 식품을 처방할 수도 있습니다.

원래 먹던 사료에서 새로운 브랜드의 사료로 바꾸려면 먼저 기존 사료에 새로운 사료를 조금 섞어서 주도록 하세요. 기존 사료가 주로 건식이라면 습식 식단으로의 변경을 고려할 필요가 있을 수 있습니다. 새로운 식단이 반려견에게 좋은 선택인지 알고 싶으면 수의사와 상의하세요.

간식은 최소량만 줄 것

반려견 식사량 측정

고려해야 될 또 다른 주요 요소는 간식입니다. 사람이 먹다 남은 음식을 주지 말고 저칼로리 반려견 간식으로 대체하세요. 반려견 다이어트 기간 동안 수의사는 간식으로 녹두, 콜리플라워, 브로콜리를 추천할 수 있습니다. 특히 반려견 사이에서 비만이 증가하고 관련 건강 문제가 대두되면서 규칙적인 운동이 중요해 졌습니다.

이상적인 체중

위에서 보았을 때 갈비뼈 뒤로 허리라인이 보임

과도한 지방층이 없음

아주 얇은 지방층

측면에서 보았을 때 복부 주름이 보임

갈비뼈가 쉽게 만져짐

위, 왼쪽: 비만을 막기 위한 가장 좋은 방법 중 하나는 음식 무게를 재고 주의 깊게 한 끼의 양을 측정하는 것이다.

반려견이 필요로 하는 운동량은 연령, 건강, 견종에 따라 다릅니다.

걷기는 성인견을 날씬하게 유지하는데 최적의 운동입니다. 운동은 신체적으로 도움이 될 뿐만 아니라 정신적 자극도 제공하지요. 반려견을 산책 시키기 전에 앞서서 걸어가는 훈련이 되어 있는지 확인하세요. 이전에 산책을 시켜본 적 없다면 짧은 코스 걷기로 시작하고 반려견이 힘들어하면 휴식을 취합니다. 더운 날씨에 산책하지 말고 하루 중 시원할 때까지 기다리세요. 반려견이 열사병에 걸릴 수도 있고 아스팔트 위를 걷다 보면 발바닥 화상을 입을 수 있으니까요. 마찬가지로 매우 추운 날씨에는 반려견이 저체온증에 걸릴 수 있으니 산책을 피해야 합니다.

반려견에 따라 좋아하는 운동의 종류가 다릅니다. 예를 들면 어떤 견종은 물어오기를 좋아하는 반면에 또 다른 견종은 수영을 즐기지요. 반려견이 날씬하고 운동을 즐기는 성향이면 보호자와 함께 조깅하는 것도 좋아할 것입니다.

하지만 규칙적인 고강도 운동에 익숙하지 않다면 보호자와 함께 조깅하는 것을 권하지 않습니다. 평소 운동량이 많지 않거나 과체중이면 운동 중 부상을 입기 쉬우므로 이런 반려견들은 점차적으로 운동을 시작해야 합니다. 관절에 문제가 있거나 관절염을 앓고 있는 노령견에게는 심한 운동을 시키지 않도록 조심하세요.

비록 반려견 건강을 유지할 만큼 충분하지는 않지만 열정적으로 활력을 증가시키는 간단한 방법으로 음식을 찾도록 만드는 것입니다. 정신적 자극편 30 페이지에서 퍼즐 타입의 도구에 대해 살펴보았는데 이 도구들은 반려견이 움직이도록 동기부여하는 좋은 방법입니다. 장난감 안에 먹이를 넣고 반려견이 그것을 끄집어 내려 움직이면 자연스럽거 운동이 됩니다.

아래: 반려견에 어리고 날씬하고 건강하면 보호자와 천천히 달릴 수 있다. 단단한 표면에서 뛰는 것은 반려견 발에 손상을 줄 수 있으니 유의한다.

기생충

반려견 기생충은 2가지로 분류되는데 내부 기생충과 외부 기생충입니다. 기생충은 치료하지 않으면 심각한 건강 문제를 일으킬 수 있으며 심지어는 사망에 이를 수 있습니다. 어떤 기생충은 사람에게 옮길 수 있으므로 기생충 예방을 최우선 순위에 두는 것이 중요합니다.

내부 기생충

일반적으로 내부 기생충은 반려견의 소화기에 기생하는 벌레 모양 또는 다른 형태의 여러 기생충을 말합니다. 반려견 배설물에서 기생충을 발견할 수 있는데 이는 내부 기생충에 감염되었 는지를 확인하는 유일한 방법입니다. 임상 징후로는 기력이 없음, 장 질환, 복부 팽만, 구토, 설사, 체중 감소, 복부 팽창, 복부 비대, 혈변을 보는 경우가 포함됩니다. 편모충, 콕시디아, 캄필로박터 등 많은 내부 기생충은 육안으로 보이지 않는다는 것을 알아두세요.

여러 내부 기생충은 어린 강아지에게 흔하기 때문에 반려견이 어릴 때 예방 조치를 시작해야 합니다. 신생견은 흔히 기생충을 가지고 태어나기에 생후 약 2주가 되면 동물병원에 데려가서 기생충을 제거해 주는 것이 좋습니다. 만일 성인견에게 기생충이 있다고 생각되면 진단과 치료에 대한 논의를 위해 동물병원에 데려가세요.

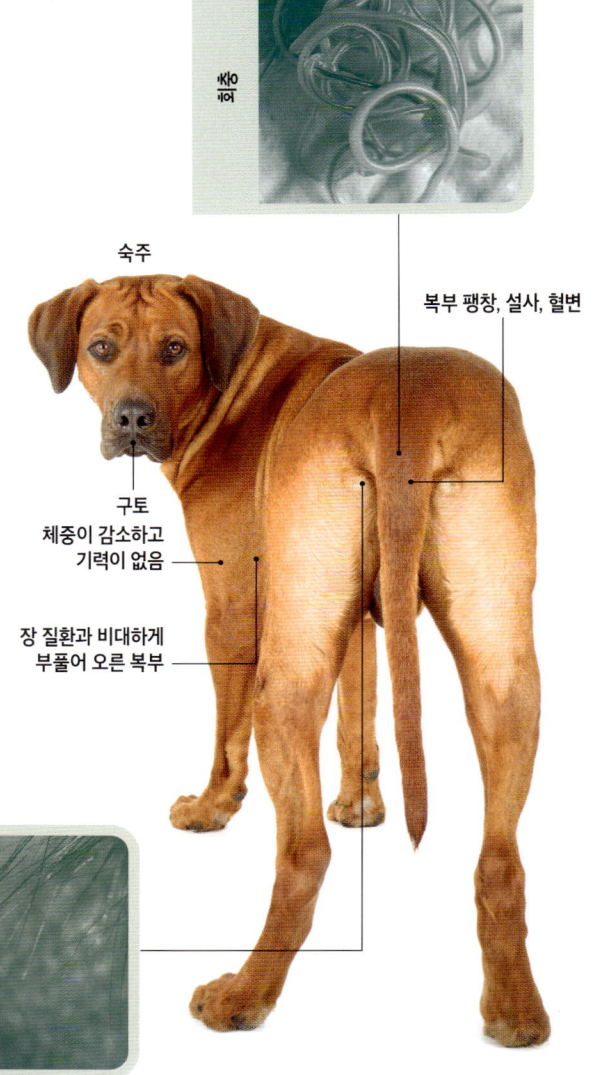

회충

숙주

복부 팽창, 설사, 혈변

구토
체중이 감소하고
기력이 없음

장 질환과 비대하게
부풀어 오른 복부

흡충

오른쪽: 내부 기생충의 신호가 될 수 있는 임상 징후에 주의한다. 이러한 징후 중 어떤 것이라도 보이면 동물병원에 데리고 가야 한다. 병원에서 어떤 문제인지 식별하고 치료할 것이다.

외부 기생충

가장 흔한 외부 기생충은 벼룩, 귀 진드기, 풀 진드기 등입니다.

벼룩

반려견 몸에서 벼룩 한 마리를 발견했다면, 이미 몸 전체에 많은 벼룩이 퍼져 있을 가능성이 높습니다. 새끼 벼룩과 알은 육안으로는 거의 보이지 않습니다. 벼룩에 감염이 되면 반려견이 안절부절 못하고 과도하게 핥고 긁거나 털을 씹고 주기적으로 머리를 흔드는 것을 보게 됩니다.

벼룩은 일반적으로 반려동물과 설치류를 포함해서 다른 동물과 접촉해서 퍼집니다. 벼룩을 예방하려면 벼룩 치료제로 정기적인 치료를 해야 합니다. 제품에 따라 다르긴 하지만 이런 치료는 생후 6주 또는 8주에 시작할 수 있습니다. 벼룩 예방은 알약, 바르는 물약, 목걸이 등 다양한 형태로 가능합니다. 반려견에게 절대 고양이 벼룩 치료제를 사용하지 마세요. 그 성분이 반려견에게 독이 될 수 있으니까요.

위: 반려견은 매일 운동을 해야 하므로 벼룩이 있을지 모르는 다른 개와의 접촉을 피하기 어렵다. 벼룩 치료제로 반려견을 정기적으로 치료하는 것이 감염 예방의 핵심이다.

벼룩

벼룩의 전파 사이클 깨기

반려견에게 벼룩이 있다고 생각되면:

- 치료를 위해 동물병원에 데려간다.
- 반려동물이 두 마리 이상인데 한 마리가 벼룩 진단을 받았다면 모든 반려동물을 치료한다.
- 카펫과 침구를 깨끗이 청소한다. 벼룩 알과 애벌레는 부드러운 침구에서 최대 6개월까지 생존할 수 있으므로 청소를 하지 않으면 재감염이 될 수 있다.

오른쪽: 벼룩은 빠르게 번식하며 단 2주만에 성체로 성장할 수 있다. 벼룩은 반려견 몸에서 최대 1년까지 생존할 수 있다 (숙주가 없을 경우 2주간 생존한다).

벼룩의 일생
1 알
2 애벌레
3 번데기
4 성체 벼룩
종결숙주

귀 진드기

귀 진드기는 성인견이나 어린 강아지에서 흔하게 발견됩니다. 귀 진드기는 접촉을 통해 퍼지므로 한 마리가 감염 되었다면 집에 있는 다른 반려동물에게도 진드기가 전파된 징후가 있는지 살펴보아야 합니다. 귀 진드기에 감염되면 반려견은 과도하게 긁거나 귀에 염증이 생기며 귓속에 찌꺼기가 생기게 됩니다.

진드기

진드기는 긴 풀밭에 살며 지나가는 동물에 옮겨 붙습니다. 진드기는 반려견이 야외활동을 할 때 붙을 수 있습니다. 또한, 다른 반려동물이나 사람 옷에 붙어 옮길 수 있죠. 반려견이 산책을 나갈 때 진드기 예방에 주의하여야 합니다. 진드기 예방은 거주지에 따라 일년 내내 또는 계절별로 실천해야 하는데 동물병원을 방문해서 문의해 보세요.

반려견 몸에서 진드기를 발견하면 질병 확산을 막기 위해 가능한 빨리 제거해야 합니다. 동물병원에 데려갈 수도 있고 진드기 제거기인 틱 후크 tick hook를 이용해서 직접 제거할 수도 있습니다. 날카로운 핀셋으로 진드기를 제거하려 하지 마세요. 실수로 진드기를 짜게 되면 그 속의 병원균들이 반려견 혈관 속으로 들어갈 수 있으니까요.

특히 진드기 감염이 얼마나 오래 되었는지 모를 경우 반려견을 주의 깊게 살피세요. 진드기가 이미 질병을 옮겼을 수 있으므로 반려견에게 피로감, 식욕 상실, 무기력과 같은 징후가 있는지 잘 살펴야 합니다. 이런 징후들이 보이면 동물병원에 데려가세요.

눈으로 보이지 않는 귀 진드기

귀 진드기에 감염되었다고 생각되면 동물병원에 데려가서 귀를 소독하고 약물치료에 대한 상담을 받도록 한다.

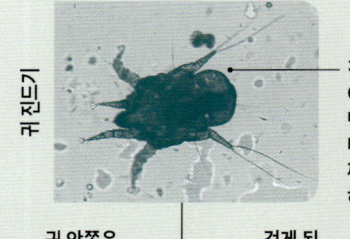

귀 진드기

진드기는 아주 작지만 반려견을 매우 짜증나게 하는 벌레다

귀 안쪽은 불그스름하거나 갈색 찌꺼기로 더러워 보일 것이다

검게 된 피부껍질이 귓구멍을 막아버린다

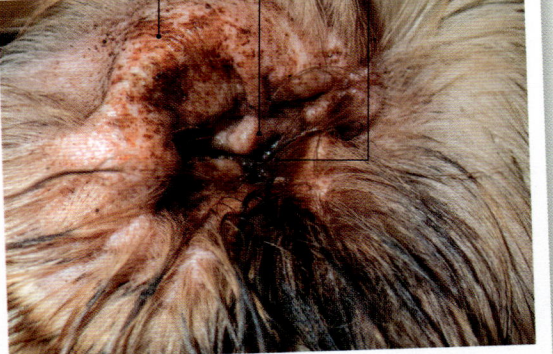

NOTE:
반려견 귀에 손상을 일으킬 수 있으니 가정에서 면봉을 사용하지 마세요.

왼쪽: 귀 진드기는 반려견에게 매우 거슬러서 귓구멍에 심한 가려움증과 덩어리 침착을 일으켜 찰과상과 청력 손상을 유발할 수 있다.

기생충 51

진드기 제거용 틱 후크 사용하기

틱 후크는 다양한 사이즈로 나오는데 진드기에 맞는 사이즈를 고릅니다. 틱 후크를 이용해서 진드기를 제거하려면 다음 순서대로 하세요:

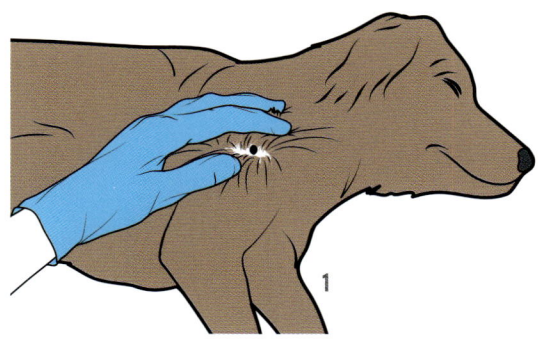

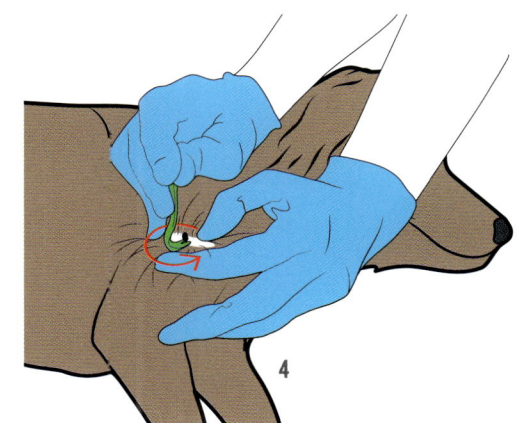

1 고무 또는 라텍스 장갑을 끼고 반려견이 가만히 있도록 합니다. 진드기 확인을 위해 물린 부위 주변 털을 조심스럽게 헤칩니다.

2 틱 후크에 진드기가 걸릴 때까지 측면에서 진드기 쪽으로 밀어 넣습니다.

3 가능한 피부 가까이에서 진드기를 잡으세요. (진드기를 직접 당기지는 마세요)

4 틱 후크를 살짝 들어올린 후 몇 번 돌려서 진드기를 떼어내세요.

5 진드기를 용기에 담고 알코올을 약간 부어 죽이세요. 그런 다음 집 밖 쓰레기통에 버립니다.

6 물린 부위를 생리식염수로 세척합니다.

왼쪽: 반려견 몸에서 진드기를 제거하기 전에 장갑을 끼고 틱 후크, 생리식염수, 알코올, 용기를 준비한다.

노령견

반려견도 나이가 들면 행동과 생활방식이 바뀝니다. 사람처럼 반려견도 나이가 들면서 느려져요.

노령견은 젊은 반려견만큼 활동적이지 못합니다. 음식이 많이 필요 없고 성격이 변하기도 하죠. "노령견"이 되는 나이는 정해져 있지 않으며 견종에 따라 다릅니다. 몸무게 약 7kg인 작은 반려견은 11살, 반면에 몸무게 약 36kg의 큰 개는 6살 정도면 노령견으로 간주될 수 있습니다. 반려견이 9살이 되면 견종에 관계없이 노령으로 간주합니다.

노화의 징후는?

반려견은 견종을 포함해서 여러 요인에 의해 자신만의 속도로 노화가 진행됩니다. 그리고 보호자가 알아볼 수 있는 일반적인 노화 징후도 있죠. 나이가 들면 후각, 청각, 미각 등의 감각을 잃기 시작합니다.
그 결과로 식욕이 변하거나 줄어들 수 있지만 식욕의 변화는 치과 문제와 같은 다른 건강상의 문제 때문일 수 있습니다 (치과 문제는 연령에 따라 악화될 수도 있음).

유연성 감소로 인해 그루밍이 힘들어 짐

퇴행성 관절염 가능성

오른쪽: 나이가 들어감에 따라 노화 과정의 일부로서 행동, 건강, 외모 등의 변화가 나타난다.

노령견

청력 감퇴

수면이 늘어남

후각 기능 감소

면역체계 손상

물 섭취량 증가

식욕 감소

행동 변화

움직임이 줄어듦

하루하루 일상적인 활동을 하는 것이 고통스러워 보이면 (반려견이 아픈지 식별하는 방법은 114 페이지 참조) 동물병원에 데려가세요. 비록 기력이 없는 것이 노화의 일부이긴 하지만 반려견이 아파서는 안되며 나이와 관련된 질병을 치료하는 방법들이 있으니까요.

➕ 반려견이 아픈지 어떻게 알 수 있나요   114 페이지

왼쪽: 노령견은 민첩하지 않아서 젊을 때처럼 격렬한 운동이 힘들 수 있다. 또한, 더 많이 자려고 하고 새로운 상황을 피하려고 할 것이다.

행동 변화

마지막으로 행동 변화가 나타날 수 있습니다. 행동 변화는 반려견마다 다양하게 나타나서 예측이 어렵습니다. 어떤 반려견은 애정이 넘쳐서 보호자와 더 많은 시간을 보내길 원하고, 다른 반려견은 공격성이 높아지고 혼자서 시간을 보내려 할 수 있어요. 대부분의 노령견은 시끄럽거나 익숙하지 않은 상황을 피하려고 합니다.

퇴행성 관절염

노령견은 민첩성이 떨어지고 관절의 유연성을 잃습니다. 퇴행성 관절염은 노령견에서 꽤 흔하게 나타나지만 치료가 가능합니다. 유연성이 떨어지면 그루밍을 적절하게 할 수 없게 됩니다. 털이 깨끗하고 윤기가 나도록 매일 그루밍 시간을 비워두세요. 자연스런 노화 과정의 일부로 반려견 털이 하얗게 변하고 광택이 줄어듭니다.

노령견의 면역체계

사람과 마찬가지로 반려견 면역체계도 나이가 들어감에 따라 약해지는데 이것은 감염 우려가 커지는 것을 뜻합니다. 가정의 다른 반려견이 질병 징후가 보이면 노령견의 밥그릇, 물그릇, 장난감 등을 따로 분리해서 특별히 주의하도록 합니다.

방광 조절

나이 많은 암컷의 경우 방광 조절 능력이 감소하여 밤중에 배뇨를 남기기 시작할 수 있습니다. 하지만 방광 문제는 치료가 가능하므로 배뇨 문제를 발견하면 동물병원에 데려가세요.

두뇌 변화

이전보다 잠자는 시간이 많아질 겁니다. 노령견은 밤낮 구분 없이 이상한 시간대에 소리를 내기 시작할 수 있습니다. 나이가 들어감에 따라 반려견 두뇌는 변해가서 마치 사람의 알츠하이머 병과 유사한 징후를 보일 수 있습니다. 심각한 행동 변화가 보인다면 동물병원에 데려가세요. 수의사는 효과적인 약물 처방을 할 수 있으니까요.

정기 건강검진

일단 노령에 이르면 정기적인 검진을 위해 수의사에게 데려가는 것이 중요합니다. 많은 동물병원에서 건강 문제에 더 취약한, 특히 나이 많은 동물의 진찰을 위해 시니어 클리닉 senior clinic을 운영합니다.

식욕 상실

식욕을 잃었거나 자주 소변을 보거나 물을 더 많이 마시거나 몸이 뻣뻣하거나 다리를 절뚝거리거나 방향 감각 상실과 같은 걱정스러운 행동을 보이면 진찰을 위해 동물병원에 데려가야 합니다. 이러한 징후들은 때로는 근본적인 건강상태를 보여주고 많은 경우 치료가 가능합니다.

노령견에 맞춰 조정해야 할 것들

반려견의 노화과정에 맞춰 조정할 것이 많이 있다. 이 과정을 통해 노령견을 더 편안하게 해주고 삶의 질을 향상시켜줄 수 있다.

운동

관절문제는 노령견에서 흔하기 때문에 운동 일정을 변경해야 할 필요가 있다. 반려견은 하루가 다르게 약해지고 빠르게 지치기 때문에 힘든 운동이 필요하지 않을 것이다. 사실 힘든 운동은 부상의 원인이 될 수 있으므로 짧은 거리를 느린 속도로 산책하는 것이 좋다. 여전히 에너지가 넘친다면 매일 더 산책할 수 있지만 짧은 거리를 느리게 산책하는 것이 좋을 것이다.

그루밍

깨끗함을 유지하도록 정기적으로 그루밍하고 정기적으로 발톱을 확인한다. 활동을 하지 않아서 앞, 뒷발의 발톱은 길게 자랄 수도 있으니 이 경우에는 발톱을 깎는 것이 좋다 (발톱 손질을 위해 동물병원에 데려가거나, 직접 하는 것에 자신이 있으면 26 페이지의 조언을 따른다).

음식

반려견이 나이가 들어감에 따라 음식의 영양성분, 양, 식감에 변화를 줄지 생각해 보아야 한다. 체중 감소는 질병의 징후가 될 수 있으니 살이 빠지지 않는지 잘 지켜봐야 한다. 반대로 체중이 늘어나면 여러 유형의 질병에 잘 걸릴 수 있다. 체중 변화가 없고 먹는데 문제가 없다면 계속해서 평소 식단을 주도록 한다. 식단 변화가 필요하다고 생각되면 건강을 확인하고 식단 변화를 어떻게 하면 좋을지 동물병원에서 상담을 받는다. 동물병원에는 노령견을 위해 특별히 고안된 사료가 많이 있다. 그리고 계속해서 깨끗한 물을 주도록 한다.

생활환경 조정

자동차에 더 이상 뛰어 오르지 못하고 다시 내리는 것을 힘들어 하면 발판이나 경사로 사용을 고려한다. 반려견이 집 주변을 돌아다닐 때 잘 관찰하고 더 편안히 움직이기 위해 무엇을 할 수 있을지 파악해 본다. 노령견은 바닥에서 약간 올려진 그릇에 담긴 사료와 물을 먹는 것이 편하므로 낮은 받침대로 사용할 수 있는 것 위에 그릇을 놓는 것을 고려해 보자.

위: 노령견이 사료를 먹으려 구부리는 것이 힘들어 보이면 음식 받침대를 높이는 것이 좋은 대안이 될 수 있다.

반려견이 먹지 않는 이유는?

반려견이 식욕을 잃으면 병원에 데려가야 합니다. 식욕 상실은 많은 질병을 포함해서 더 심각한 문제의 징후가 될 수 있습니다.

간 문제에서 스트레스와 치아 문제에 이르기까지 많은 조건들이 반려견 식욕에 영향을 줄 수 있습니다. 먹으려고 할 때 아픈 것처럼 보이면 반려견이 편안해 할 때 입에 상처가 있는지 턱이나 치아에 문제가 있는지 확인하세요. 만일 24시간 동안 아무것도 먹지 않는다면 응급상황으로 간주하고 즉시 동물병원에 데려가세요.

아래: 반려견이 제대로 먹지 못하면 입을 검사한다. 턱이나 치아에 통증을 일으키는 상처가 있으면 제대로 먹지 못할 수 있기 때문이다.

24 시간
식욕 회복 시간

반려견이 먹도록 유도해보자

반려견이 여전히 먹긴 하지만 평소만큼 먹지 않는다면 다른 음식으로 유도해볼 수 있다. 반려견은 구운 닭고기와 그레이비 소스를 좋아한다. 평소 식사와 함께 이 음식을 소량 제공하려고 하면 반려견은 거부하려고 안간힘을 쓸 것이다. 반려견은 따뜻한 음식을 선호한다는 점을 기억한다. 음식을 주기 전에 음식을 태울 만큼 너무 뜨겁게 하지 말고 전자레인지에 살짝 데운다. 마지막으로 소량의 저염 닭고기, 소고기 또는 야채육수를 평소 먹는 음식 위에 부어볼 수 있다.

어떤 음식을 먹이려 할 때 반려견의 흥미를 끌 수 있는 유용한 요령은 손으로 몇 번 먹이를 주는 것이다. 일단 흥미를 자극하면 반려견은 그릇에 담긴 음식을 계속해서 먹을 것이다

그레이비를 곁들인 구운 닭고기

위: 육수나 그레이비 소스를 곁들이는 것 외에 음식을 따뜻하게 하면 더 먹음직스럽게 만들 수 있다.

2

간단한 치료와 케어

반려견 검사

1차 검사

반려견에게 어떤 문제가 있음을 처음 알게 되었을 때 다음 단계에 따라 상황을 조사하세요:

- 안전한 상황에서 반려견을 자극하지 말고 1차 검사를 할 수 있도록 반려견에게 충분히 가까이 다가갑니다.

- 눈에 띄는 상처, 절뚝거림, 신체 변형, 방향 감각 상실, 떨림, 경련이 있는지 살핍니다.

- 모든 문제를 기록하세요. 알려진 문제의 원인이 무엇인지 기록하세요.

- 머리나 척추에 상처가 명확하게 보이거나 구토, 방향 감각 상실, 떨림이 있으면 즉시 동물병원에 연락하고 응급상황으로 간주하세요.

생체 징후 확인

일단 침착하게 상황을 파악한 후, 그 다음 중요한 단계는 반려견의 생체 징후를 확인하는 것입니다. 생체 징후에는 호흡수, 심박수, 체온이 있습니다. 정확히 측정하기 위해 반려견이 움직이지 못하도록 할 필요가 있을 것입니다. 문제가 있을 경우에 대비하도록 반려견이 편안한 상태일 때 가정에서 생체 징후 측정 연습을 하는 것은 어떨까요?

부드러운 목소리로 반려견 이름을 부른다

보호자가 접근했을 때 귀가 납작해지고 헐떡이고 하품을 하고 입술을 핥는지 파악한다

다치거나 아픈 반려견에게 천천히 접근한다. 몸을 측면으로 움직이고 직접적인 눈 접촉을 피한다 (75 페이지 참조)

다친 반려견은 쓰다듬거나 손대는 것을 거부하고 가까이 가면 몸을 웅크리거나 으르렁거릴 수 있다. 아픈 반려견은 방어적이고 심지어 보호자를 공격할 수 있음을 유념한다

오른쪽: 다친 반려견에게 접근할 때 갑작스런 움직임이나 큰 소리를 내지 않고 부드럽게 접근한다. 반려견을 깜짝 놀라게 하면 공격적인 행동을 할 수 있기 때문이다.

호흡수 측정

기준치: 분당 10회에서 35회 호흡

반려견 호흡수를 확인하는 가장 쉬운 방법은 정면에서 호흡을 지켜보는 것입니다:

1 반려견이 앉아 있을때, 가슴을 쳐다보세요.

2 15초 동안 반려견 호흡수를 세어 보세요.

3 이 숫자에 4를 곱하면 분당 호흡수가 나옵니다.

4 반려견 호흡수가 기준치보다 아주 많거나 적으면 즉시 동물병원에 연락하세요.

5 반려견 호흡수가 건강한 정상범위라면 호흡에 평소와 다른 점이 있는지 확인하세요.

6 만일 호흡이 불규칙하거나, 급하거나, 숨쉬는 것을 힘들어 하거나, 얕은 숨을 쉬면 즉시 동물병원에 연락하세요.

반려견의 정상 호흡을 잘 관찰해 두면 변화가 있을 때 바로 알아챌 수 있다

성인견
10-35 bpm

어린 반려견
15-40 bpm

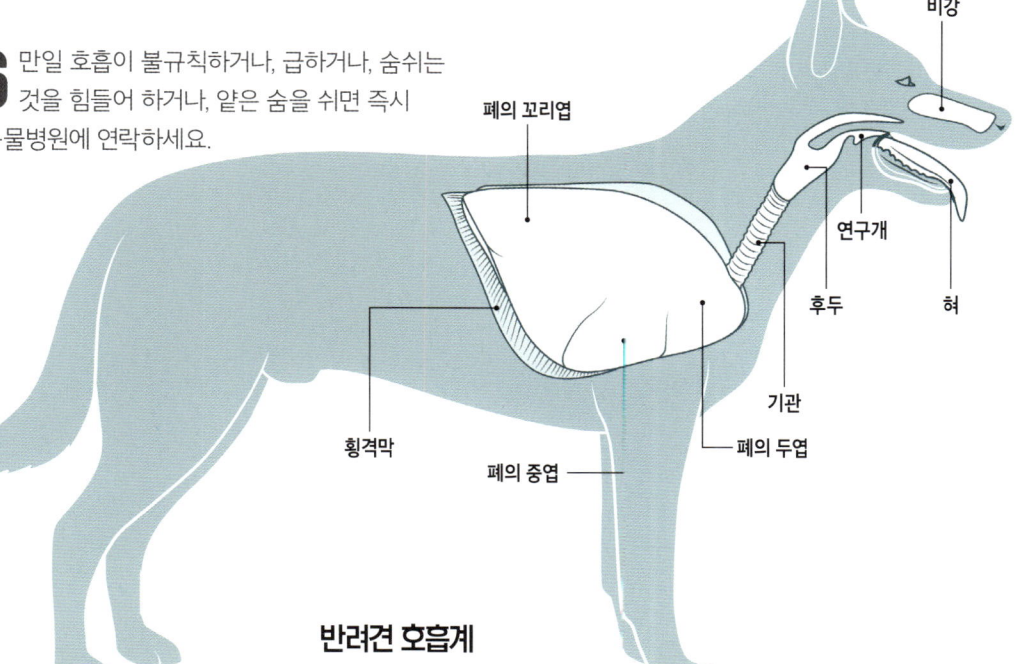

반려견 호흡계

- 폐의 꼬리엽
- 비강
- 연구개
- 후두
- 혀
- 기관
- 폐의 두엽
- 폐의 중엽
- 횡격막

심박수 측정

기준치: 분당 60회에서 140회 박동

반려견의 정상 심박수는 반려견 크기에 따라 다양합니다. 작은 반려견은 높은 심박수를 보이는 경향이 있고 (분당 약 100회에서 140회), 반면에 큰 반려견은 낮은 심박수를 보입니다 (분당 약 60회에서 100회).

1 심장을 찾으려면 왼쪽 겨드랑이 근처 반려견 가슴 위에 왼손을 올리세요.

2 심장 박동 위치를 찾을 때까지 눌러 봅니다.

3 스마트폰이나 시계를 이용해서 15초 동안 심박수를 세어 보세요.

4 이 숫자에 4를 곱하면 분당 심박수가 나옵니다.

5 심박수가 기준치보다 상당히 높거나 낮으면 즉시 동물병원에 연락하세요.

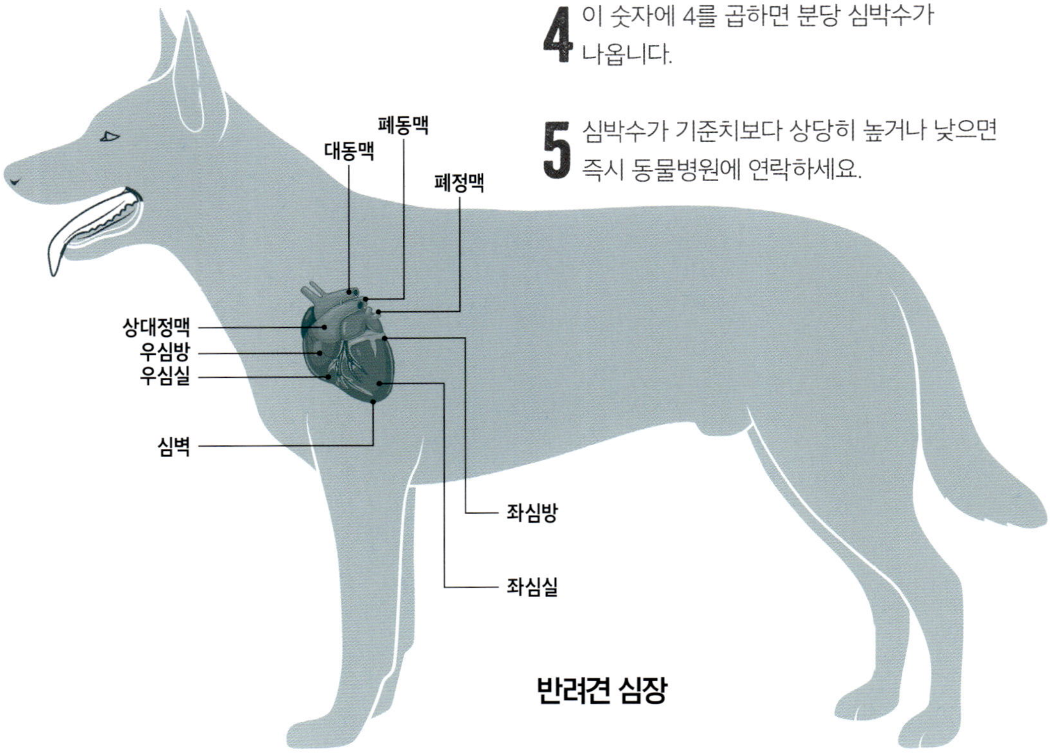

- 대동맥
- 폐동맥
- 폐정맥
- 상대정맥
- 우심방
- 우심실
- 심벽
- 좌심방
- 좌심실

반려견 심장

체온 측정

기준치: 섭씨 38도에서 39도

상황에 따라 반려견 체온을 재는 것이 필요할 지 모릅니다. 체온을 잴 때는 디지털 직장 체온계를 이용하는 것이 좋은 방법입니다. 사람용으로 시판 중인 직장 체온계도 좋고요, 소형견이라면 어린이용으로 출시된 체온계를 구입하는 것도 고려해보세요.

체온을 정확히 재려면 다음 순서대로 하세요:

1. 바셀린과 같은 윤활제를 체온계 끝에 바르세요.

2. 반려견이 서 있도록 다른 사람에게 도움을 구하세요. 반려견이 작으면 테이블 위에 세우는 것이 더 쉬울 수 있습니다.

3. 반려견 꼬리를 들고 소형견의 경우 약 2.5cm, 대형견의 경우 약 4cm 깊이로 항문에 체온계를 부드럽게 삽입합니다.

4. 체온 측정 신호가 나타날 때까지 반려견을 움직이지 못하도록하세요.

5. 체온이 39.5도가 넘으면 심각한 상태로 간주하고 즉시 동물병원에 연락하세요.

6. 체온 측정이 끝나면 알코올에 적신 종이타월로 체온계 끝을 닦으세요.

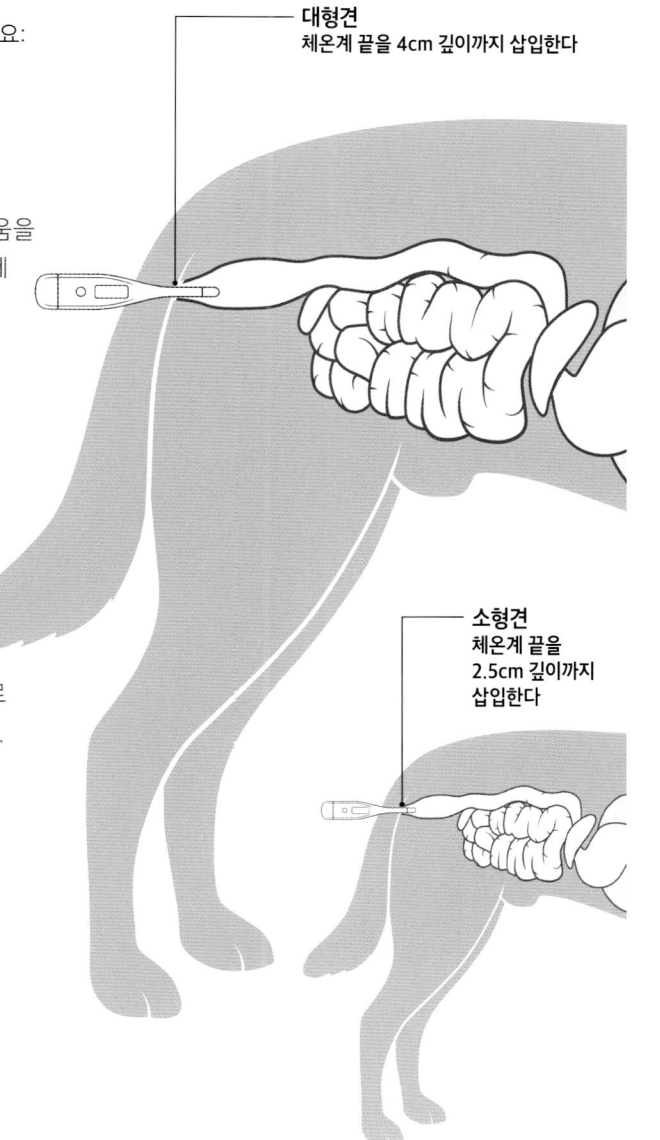

대형견 체온계 끝을 4cm 깊이까지 삽입한다

소형견 체온계 끝을 2.5cm 깊이까지 삽입한다

잇몸

반려견 잇몸을 검사할 필요도 있습니다. 잇몸에 문제가 있으면 정상적인 분홍색 색조가 아니거나 건조함을 느낄 수 있습니다. 손가락으로 반려견 잇몸을 부드럽게 눌렀을 때 분홍색 잇몸으로 돌아오는데 2초 이상이 걸리면 반려견에게 어떤 문제가 있는 것일 수 있습니다.

잇몸 색깔

푸른 잇몸
적절한 호흡과 산소공급을 방해하는 질병은 푸른색의 잇몸을 유발한다. 불행하게도 이런 질병은 피할 수 없는 경우가 있다.

창백하거나 하얀 잇몸
이런 색은 심각한 혈액 손실 또는 빈혈을 일으키는 질병의 징후일 수 있다. 잇몸이 창백하거나 하얀 반려견은 즉시 수의사에게 보여야 합니다.

선홍색 잇몸
체온이 오르면 반려견 잇몸이 붉게 변한다. 구내염 또는 치은염도 붉은 잇몸의 원인일 수 있다 (정기적 치아관리로 예방이 가능하다. 20 페이지 참조).

잇몸 출혈
치아 건강이 나빠지면 출혈이 발생한다. 치과 위생과 규칙적 양치질이 잇몸 출혈을 예방하는데 도움이 된다.

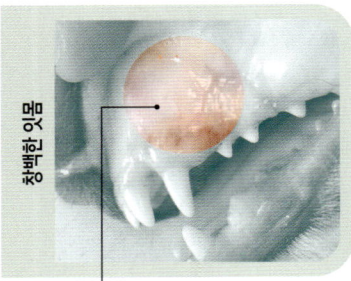

창백한 잇몸

잇몸이 창백하거나 어둡거나 분홍색 이외의 색을 띈다면 수의사 진찰이 필요하다

아래: 건강하지 않다고 생각되면 입 안을 검사한다. 잇몸 색은 반려견 건강에 대해 많은 것을 알려줄 수 있다.

반려견 잇몸은 분홍색의 풍선껌처럼 보일 정도로 혈액 공급이 충분하다

심층 진단

생체 징후 수치는 정상범위 내에 있지만 여전히 반려견이 아프거나 상처가 있다고 생각이 되면 신체 나머지 부분을 검사할 수 있습니다. 다음 질문 중 하나라도 "예"라고 답하면 응급처치가 필요할 수 있습니다.

NOTE:
생체 징후 수치가 하나라도 비정상이면 즉시 수의사에게 연락하세요.

털 밑부분 검사

털 밑부분을 자세히 살펴보라. 눈에 보이는 병변, 응어리, 출혈이 있는가?

발작, 구토 혹은 소변을 보는데 어려움이 있는가?

반려견 눈을 살펴보라. 동공이 커졌거나 눈 흰자가 빨갛게 변했는가?

접촉에 대해 부정적인 반응

반려견 몸을 부드럽게 촉진한다. 몸의 어느 부분을 만질 때 거부반응이 있는가?

반려견이 정상적으로 걷는지 확인한다. 다리를 절거나 걸음걸이가 비정상인가?

잇몸을 살펴보라. 변색이 되었는가?

오른쪽: 반려견이 건강하지 않으나 생체 징후와 잇몸에서 어떤 이상도 보이지 않을 수 있다. 수의사에게 보여야할 상황인지 판단하기 위해 이 추가 질문에 답해본다.

동물병원에 언제 데려가야 할까?

반려견이 상처를 입었지만 얼마나 심한 지 알 수가 없을 경우 동물병원에 연락해야 하는 지 어떻게 판단할수 있나요? 반려견이 다쳤을 때는 항상 보이는 것 보다 더 심각하다고 생각하는 것이 좋습니다.

육안으로는 반려견 상처가 얼마나 깊은 지 판단하기 매우 어려울 수 있습니다. 동물병원에 데려가면 의료진이 바로 심각하지 않다고 말해줄 수 있습니다. 만약 바로 판단하기 어렵더라도 동물병원에는 추가적인 진단과 치료 장비 및 전문 의료진이 준비되어 있습니다. 대부분의 동물병원은 보호자가 미리 전화를 걸어주는 것을 선호합니다.

무슨 일이 있었는지 알게 되고 필요로 하는 조언을 해줄 수 있고, 만일 응급상황이라면 다친 반려견이 병원에 도착했을 때 의료진이 적절한 준비가 된 상태에서 기다릴 수 있습니다.

아래: 반려견이 아프거나 다쳤지만 얼마나 심하게 다쳤는지 확신을 못한다면 동물병원이 반려견과 보호자에게 최고의 장소가 된다.

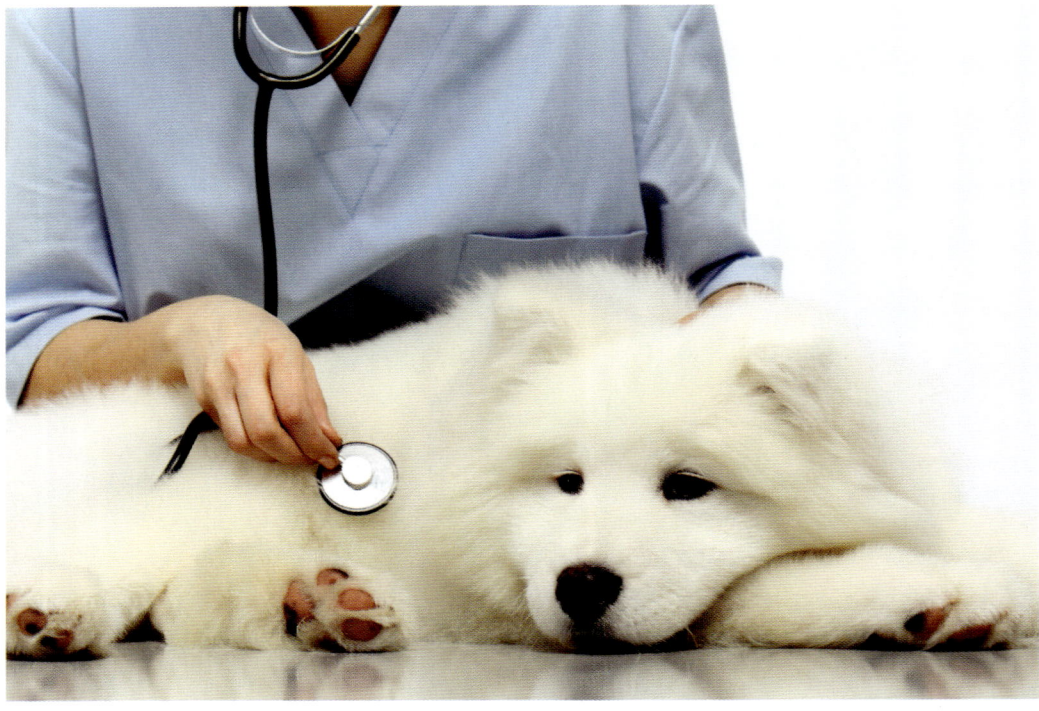

수의사를 필요로 하는 문제

반려견이 어떤 심각한 징후를 보인다면 동물병원에 데려가야 한다. 평소 다니던 병원이 휴무라면 가장 가까운 응급실 당직 수의사에게 연락한다.

만일 다음 중 하나라도 앓고 있다면 반려견을 즉시 동물병원에 데려가야 한다:

- 외상 (겉보기에는 괜찮아 보이더라도)
- 호흡 곤란
- 화상
- 중독 가능성
- 두부 타격
- 높은 곳에서 추락
- 이물질 삼킴
- 경련 (원인을 이미 진단 받은 상태가 아닐 경우)
- 감전
- 반익사 상태

위: 하루에 여러 번 또는 여러 날 동안 매일 구토를 한다면 동물병원에 데려가야 한다.

만약 아래 징후가 보이면 즉시 동물병원에 데려가야 한다:

- 심한 발열
- 높은 심박수
- 높은 호흡수
- 계속되는 구토와 설사
- 절뚝거림
- 의식불명
- 방향 감각 상실
- 변색된 잇몸
- 반복되거나 긴 발작
- 쓰러짐
- 심한 통증
- 과다 출혈
- 마비
- 배뇨 곤란
- 식욕 및 수분 섭취 부족
- 계속되는 기침

확실하지 않거나 반려견의 가벼운 징후가 48시간 이상 지속되면 동물병원에 데려가서 반려견의 건강 상태를 검사하는 것이 좋다.

위: 반려견이 장시간 물 속에 있었다면 동물병원에 데려간다. 가정에서는 식별할 수 없는 관련 질병이 있을 수 있다.

응급상황은 아니지만 수의사에게 보일 필요가 있는 문제

반려견이 작은 부상을 입어 이 책에서 설명한 방법대로 응급처치를 했다고 하더라도 대개는 진찰을 위해 동물병원에 데려가는 것이 여전히 좋습니다.

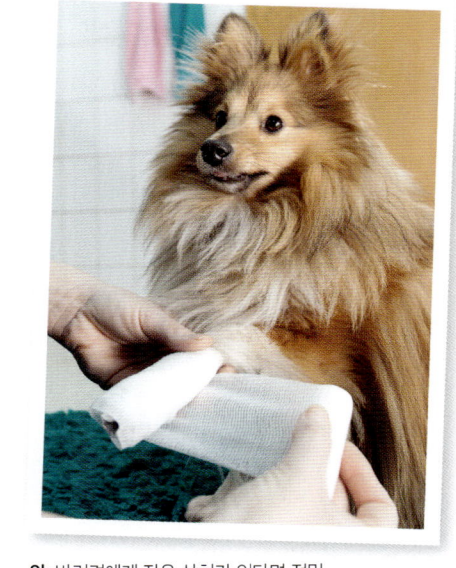

아래: 반려견의 경과를 잘 살피고 행동에서 어떤 변화가 보이는지 잘 확인한다. 만일 상태가 악화될 경우 동물병원에 데려갈 준비를 해야 한다.

위: 반려견에게 작은 상처가 있다면 정밀 검사를 받으러 동물병원에 데려가기 전에 이 책에서 소개한 방법을 이용하여 가정에서 응급처치를 할 수 있다.

반려견이 이상한 행동패턴을 보인다면 근본적인 문제가 있을 수 있다

또한, 반려견의 생활방식이나 걸음걸이에서 지속적인 이상 징후나 변화가 발견되면 동물병원에 데려가야 한다

가정에서 조치할 수 있는 문제

가정에서 조치할 수 있는 몇몇 경미한 문제들이 있다:

- 경미한 상처
- 벌에 쏘임
- 한 번씩 구토함
- 짧은 설사

이러한 경우라 하더라도 동물병원에 연락해서 조언을 듣는 것이 좋다.

또 다른 방법은 스마트폰이나 태블릿PC에서 사용할 수 있는 동물병원 앱을 통해 수의사에게 질문하고 화상으로 상담하는 것이다. 이 서비스에 제공하는 수의사는 일반적으로 전화를 통해 반려견을 진단하지는 않지만 응급실에 가야 할 필요가 있는지 여부에 대해 조언해 줄 수 있다.

아래: 신뢰할 수 없는 정보로 가득한 인터넷 검색보다는 어떤 질문이라도 동물병원에 연락하는 것이 가장 좋다.

NOTE:
반려견 응급처치에 대한 믿을 만한 정보를 찾으려고 인터넷에 의존하지 마세요. 검색엔진을 통해 검색되는 정보에는 부정확하고 서로 상충되는 것이 많습니다. 신뢰할 수 있는 일반 진료 정보를 찾으려면 동물병원 또는 동물보호협회 웹사이트를 방문하세요. 응급상황과 그에 맞는 처치는 항상 수의사에게 연락하세요.

구급상자

반려견용 구급상자에는 무엇을 비치해야 할까요?

사고가 언제 일어날 지 예견할 수는 없습니다. 그러나, 구급상자에 긴급 품목과 장비를 갖추면 응급상황에 효과적으로 대처하는 데 도움이 되며 동물병원에 데려가기 전에 반려견을 위해 최선을 다할 수 있습니다.

이 체크리스트에 따라 필요한 모든 품목이 구급상자에 있는지 확인하세요. 기성품 구급상자는 온라인 쇼핑몰 또는 펫샵에서 구입할 수 있습니다. 이미 구급상자가 있다면 이 체크리스트를 이용해서 필요한 품목이 모두 있는지 점검해 볼 수 있으며 응급상황에서 어떤 품목을 어떻게 사용하는지 확인할 수 있습니다.

이 리스트에 있는 대부분의 품목은 약국에서 쉽게 구할 수 있습니다. 품목 대부분이 멀티팩 형태로 출시되기 때문에 몇 가지 품목은 재고 여분이 있는 사람용 구급상자에서 가져올 수 있을 거에요.

아래: 반려견용 구급상자에 있는 품목에 익숙해지고 응급상황이 발생하기 전에 필요한 품목들이 모두 있는지 확인한다. 모든 품목은 밀봉되어 결함이 없는지 확인하고 만일 구급상자에서 어떤 것이라도 사용했다면 빠진 품목을 새것으로 채워 넣어야 합니다.

기본 품목

일회용 고무 또는 라텍스 장갑
다친 반려견을 다룰 때 청결을 유지하고 감염이 되지 않도록 돕습니다. 반려견이 까다롭다면 보호용으로 원예용 장갑을 구급상자에 추가하는 것을 고려하세요.

가위
필요시 테이프, 붕대, 반려견 털을 자르는 용도로 중요합니다. 괴로워하는 반려견이 더 다치지 않도록 끝이 무디고 구부러진 가위를 구입하세요.

핀셋
작은 조각을 제거할 때 유용합니다. 반려견을 다치지 않게 하려면 끝이 평평한 핀셋을, 입 안 이물질을 제거하려면 집게발 핀셋을 찾으세요.

틱 후크 (진드기 제거기)
진드기를 제거할 때 사용합니다 (51 페이지). 틱 후크는 핀셋보다 안전하고 효과적입니다.

디지털 직장 체온계
디지털 체온계는 정확한 체온을 측정하기 위한 가장 효과적인 수단입니다.

수건
반려견을 눕힐 때, 반려견을 다루고 이송해야 할 때, 반려견을 따뜻하게 해야 할 때, 지저분한 것을 치울 때 유용합니다.

바셀린
생체 징후 체크를 할 때 직장 체온계 끝에 묻히는 용도로 필요합니다.

아래: 구급상자에 있는 대부분의 품목은 약국에서 구할 수 있지만 진드기 제거기인 틱 후크와 같은 반려견 특화용 품목은 동물병원에서 구매하는 것이 더 쉽다.

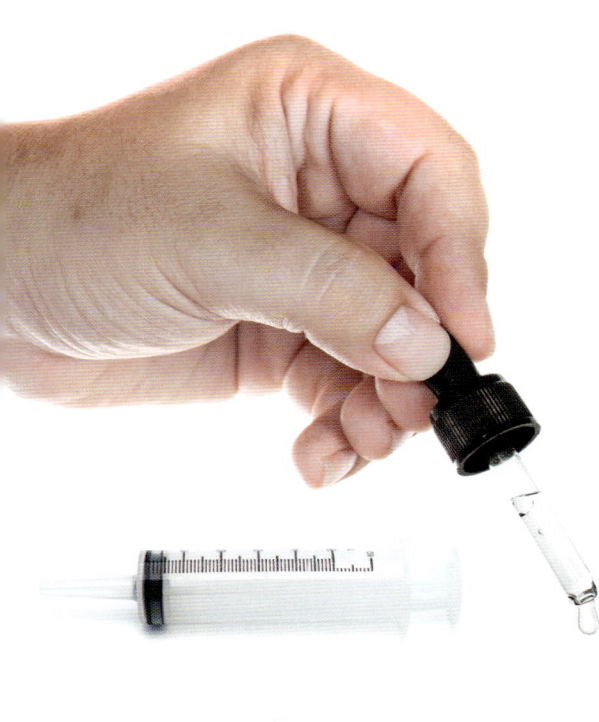

상처 소독

소금
생리식염수를 만드는데 필요하며 드레싱을 하기 전 상처 세척에 유용합니다.

면봉과 볼
상처에 생리식염수를 바르고 피를 닦아내는데 유용합니다.

바늘 없는 스포이드 또는 플라스틱 주사기
생리식염수로 상처를 씻어내고 구강치료제나 물을 투여할 때 유용합니다.

멸균 티슈
장갑을 사용하지 않는다면 상처를 만지기 전에 항상 멸균 티슈로 소독하세요. 따끔거리고 반려견이 더 괴로워할 수 있으니 상처에 멸균 티슈를 사용하지 마세요. 대신에 생리식염수를 사용하는 것이 좋습니다.

왼쪽, 아래: 상처를 소독하는 품목은 구급상자에 필수이다. 부엌에 소금이 넉넉하다면 한 곳에 모든 것을 갖출 수 있도록 구급상자에 소금을 소량 보관한다.

상처 드레싱
거즈
패드 또는 롤 형태의 거즈는 상처를 감싸고 약간의 압박을 가하는데 사용됩니다. 붕대를 감을 때는 너무 조이지 않게 조심해야 하는데 꽉 조이면 혈액순환을 방해하고 상처를 악화시키는 원인이 됩니다.

비접착식 붕대
상처를 보호하고 출혈을 줄이는데 효과적입니다. 접착식 붕대나 반창고를 반려견에게 사용하지 마세요. 어린이 양말은 다리 상처를 감싸는데 유용하게 사용될 수 있습니다. 반려견에게 사용할 때 양말 윗부분에 테이프를 조금 붙이기만 하면 되고 단단히 조일 위험이 줄어들기 때문입니다.

접착 테이프
붕대와 거즈를 고정시키는데 유용합니다.

기타 다양한 필수품
세안제
눈에 상처가 있을 경우 사용합니다.

중요한 전화번호 리스트
이 리스트에는 수의사, 진료 시간 외 연락처, 가까운 24시간 응급실, 반려동물 중독 전화상담 서비스 등이 포함되어야 합니다.

진료 기록지
이 기록지에는 반려견이 받은 진료기록과 예방접종 내역이 포함되어야 합니다. 특히 응급 상황에서 다른 병원에 가야 할 경우 진료에 들어가는 즉시 수의사에게 이 정보를 전달하는 것이 매우 유용할 것입니다.

오른쪽: 구급상자에는 비접착식 붕대와 거즈만 구비한다. 자가 접착식 붕대와 반창고는 반려견에게 적합하지 않다.

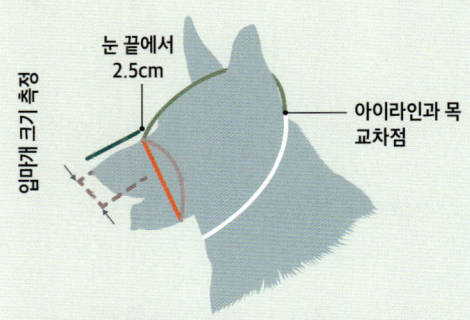

반려견 다루기
입마개 또는 부드러운 천, 작은 수건, 나일론 스타킹 등으로 만든 대체용 입마개는 반려견에게 물리는 사고를 예방할 수 있다. 구토를 할 경우에는 입마개를 하지 말아야 한다.

- 주둥이 길이: 코 끝에서 눈 아래 2.5cm 가량
- 주둥이 둘레: 반려견이 입을 다문 상태에서 눈 아래 2.5cm 되는 곳에서 주둥이 둘레를 잰다. 작은 견종은 1cm 가량, 그리고 중간 크기 이상 견종은 2cm 가량 더한다
- 주둥이 높이: 반려견이 헐떡이는 경우처럼 입을 벌리고 있을 때 눈 아래 2.5cm 위치인 주둥이 맨 위에서 턱선까지 잰다
- 주둥이 넓이: 가장 넓은 부분을 잰다
- 아이라인: 눈 아래 2.5cm에서 귀 뒤까지
- 목: 아이라인이 교차하는 지점의 목둘레

반려견 다루기(핸들링)

반려견이 다치거나 아프거나 통증이 있으면 기질이 변할 수 있습니다. 보호자가 만지는 것을 원하지 않고 점차 공격성이 증가하는 모습을 보일 수도 있습니다. 아무리 착한 반려견이라도 아프면 공격적으로 변할 수 있습니다.

다친 반려견을 다룰 때는 고통을 유발하거나 상처를 악화시키지 않도록 조심해야 합니다. 특히 보호자 자신이 다칠 위험에 빠지지 않도록 조심해야 합니다. 반려견이 다쳤을 경우 다음 순서대로 하세요:

• 반려견이 물려고 하는 경우를 대비해서 항상 측면에서 접근하고 반려견 입에 얼굴을 가까이 하지 마세요.

• 부드럽고 느린 동작으로 반려견을 검사하세요.

• 반려견 상처를 발견했다면 침착함을 유지하는 것이 중요합니다. 보호자가 침착함을 보인다면 반려견도 진정하고 심한 공격성을 보이지는 않을 것입니다.

• 반려견을 옮기기 전에 60 페이지에서 배운 대로 1차 검사를 하세요.

• 머리나 척추에 심각한 부상을 입었다면 반려견을 움직이려고 하지 말고 즉시 동물병원에 연락하세요. 병원에서는 이송하기 전에 반려견 머리를 고정시키라고 말해 줄 것입니다.

어떤 상처이든 동물병원에 연락하세요. 외관상 아무리 작은 상처라도 반려견에게는 심각한 문제를 일으킬 수 있으니까요. 무슨 일인지 병원에

오른쪽: 평소에 반려견이 애교가 많아서 공격적이지 않더라도 다치거나 아플 때는 행동이 바뀔 수 있으니 주의해서 조용히 접근한다.

NOTE:
반려견은 통증을 감추는데 매우 능숙하다는 점을 기억하세요.

설명하여 조언을 구하고 지금 병원으로 가는 중임을 알리세요. 어떤 경우에는 수의사에게 데려가기 전에 응급처치를 해야 할 수도 있습니다.

반려견에게 접근하기

사람에 대한 응급처치와 마찬가지로 반려견을 옮기기 전에 외상이 있는지 확인해야 합니다. 머리 부상이 있어서 다리를 엇갈려 걷거나 방향 감각을 상실한 것으로 보이면 특히 주의해야 합니다. 반려견이 일어나지 못하면 동물병원에 연락해서 조언을 구하세요. 병원에서 가정으로 수의사를 보낼 수도 있습니다.

반려견 다루기(핸들링) 75

반려견에게 접근하기 위한 팁

반려견을 힘들지 않게 하려면 접근할 때 다음사항을 명심하세요:

1 천천히 차분하게 접근해서 부드러운 톤으로 얘기하세요.

2 반려견을 향해 측면으로 접근하고 반려견 키에 맞게 몸을 굽히세요.

3 반려견에게 계속 말하면서 태도에 어떤 변화가 있는지 주목하세요. 반려견의 바디 랭귀지를 관찰하고 동공이 확장되는지 체크하고 발성하는 소리에 주의하세요.

4 반려견이 겁을 먹은 것으로 보이면 쓰다듬으려고 하지 마세요 (겁 먹은 모습: 으르렁 거리거나 짖고 눈이 커지고 귀가 뒤로 젖혀짐).

불안감에 의한 공격성

5 반려견이 공격성을 보이지 않으면 통증이 있는 부위에서 좀 떨어진 부위를 부드럽게 쓰다듬어 안심시키세요. 반려견이 이것을 편안하게 받아 들이면 평소처럼 계속해서 어루만지면서 안심 시키세요.

아래: 반려견이 편안하고 "부드러운" 눈짓을 보이면 평온함을 느끼는 것이고 보호자가 만지더라도 괜찮습니다.

반려견 다루기(핸들링)

반려견을 다루는 방법은 반려견이 어떤 행동을 보이는지 보호자가 혼자인지 또는 도와줄 누군가가 있는지에 따라 다릅니다. 반려견을 다루는 선택 가능한 몇 가지 방법이 있습니다.

반려견이 적의를 보인다면 물림 방지를 위해 입마개를 사용하세요. 입마개가 없다면 반려견의 주둥이를 감쌀 수 있는 수건, 거즈, 스타킹 등의 천 조각을 사용할 수 있습니다.

계속해서 반려견에게 차분히 말하고 부드럽고 천천히 반려견 몸을 검사하세요. 벌어진 상처가 있다면 80 페이지에 나와 있는 방법대로 상처를 소독하세요.

✚ 경미한 상처 소독과 드레싱   80 페이지

1 반려견이 도망가지 않게 반려견 등에 팔을 올리고 주둥이 위에 천을 올려 놓으세요. 이 때 손가락은 반려견 입에서 떨어져 있어야 합니다.

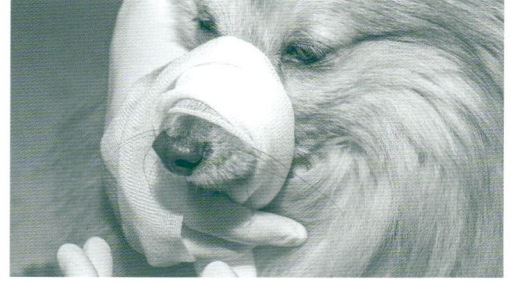

2 주둥이 주변으로 둥글게 고리를 만드세요. 적어도 3번 감고 코 위로 단단히 잡아당겨 양 눈 사이에 하나의 매듭을 묶으세요.

3 천의 두 가닥 끝으로 주둥이 아래 끝 둘레에 두 번째 고리를 만드세요. 턱 밑에서 두 끝을 묶어 매듭을 만드세요.

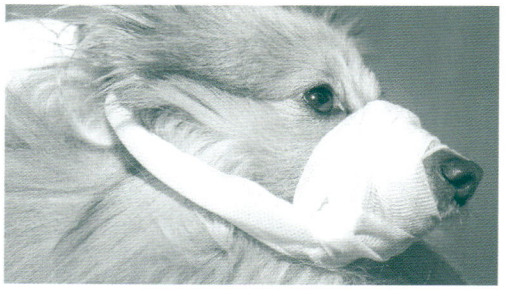

4 일단 고리가 반려견 주둥이에 확실히 고정되면 귀 뒤쪽으로 현재 반려견 턱 아래에 있는 천의 끝을 가져오세요. 매듭을 묶고 단단히 고정시킵니다.

입마개를 하는 이유

이상적으로 말하자면 반려견에게 입마개를 씌워서는 안된다. 입마개는 정말 최후의 수단이 되어야 한다. 그러나, 필요한 경우가 있을 수 있다. 예를 들어:

- 다른 반려견이나 사람을 물려는 경향이 있다

- 사람들 사이에서 긴장하고 불안감과 두려움으로 인한 공격성을 보인다 (36 페이지 참조)

- 야생 동물이나 다른 동물을 사냥하고 본능적으로 추격하여 죽인다

- 산책 중에 쓰레기를 뒤지고 어떤 것이든 먹는 모습을 보인다 (위험하거나 건강에 해로운 것을 먹는 것을 막기 위해 입마개가 필요할 수 있다.)

- 다치거나 아프고 접촉에 대해 부정적 반응을 보인다 (75 페이지 참조)

- 동물병원 또는 붐비는 장소와 같은 새로운 상황에 반려견이 어떻게 반응할지 모른다

- 법적으로 입마개를 착용해야 한다

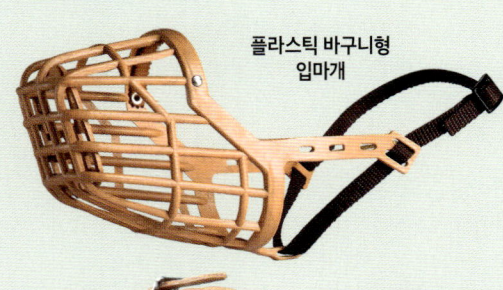

플라스틱 바구니형 입마개

가죽 경찰형 입마개

위, 아래: 바구니 형 입마개는 숨을 헐떡거릴 수 있고 물도 마실 수 있고 잘한 행동에 대해 간식도 보상받을 수 있다. 가죽 입마개는 디자인에 따라 다양하다. 따라서, 반려견이 숨을 헐떡거리고 간스 을 받아먹을 수 있는 바구니형 입마개 중에서 고르도록 한다. 아래 사진의 그물형 입마개를 하면 입을 열어 숨을 쉬지 못하며, 물과 간식을 먹지 못한다.

NOTE:

입마개를 해서는 안 되는 경우:

- 구토를 할 경우. 입마개를 하면 숨이 막히거나 질식사할 수 있습니다.

- 호흡 곤란이 있는 경우.

- 불독, 퍼그와 같은 단두종 반려견일 경우.

그물형 입마개

반려견 이송

1차 검사 및 필요한 응급처치를 시행한 후 반려견을 동물병원에 데려가야 할 필요가 있을 것입니다. 병원에 연락해서 가는 중임을 알리세요. 도와줄 사람이 있으면 반려견과 함께 뒷좌석에 앉아서 이동 중에 반려견을 진정시키고 움직이지 않도록 부탁하세요.

반려견이 작고 상처가 꽤 경미하다면 캐리어에 넣으세요. 크레이트 crate 안에 수건과 담요를 넣고 이동 중에 이리 저리 움직이지 못하도록 하세요. 보호자가 직접 운전할 경우에는 뒷좌석에 캐리어를 놓고 안전벨트로 단단히 고정하세요.

위: 날씨가 춥다면 동물병원으로 이동 중에 따뜻하게 해주기 위해 담요로 덮어주세요. 친숙한 냄새는 편안함을 더해줄 수 있으니 반려견 잠자리에서 담요를 가지고 오세요.

들 것 이용하기

반려견의 덩치가 크고 심하게 다친 것으로 보이면 들 것으로 반려견을 이송할 필요가 있다. 이때는 두 사람이 필요하다. 반려견을 옆으로 눕히고 상처 부위가 움직이거나 몸이 구부러지지 않도록 주의하면서 반려견 몸 아래로 빳빳한 판자를 밀어 넣는다. 줄 또는 천으로 반려견 어깨와 엉덩이 부근을 묶어서 들 것에 고정한다.

빳빳한 것이 없다면 두꺼운 담요를 들 것으로 사용한다. 반려견을 담요 위에 올린 후 조력자가 반대편을 잡고 가급적 팽팽하게 유지한다. 만일 도와줄 사람이 없을 경우 바닥이 매끈하다면 담요를 조심스럽게 끄는 것도 유용한 방법이다.

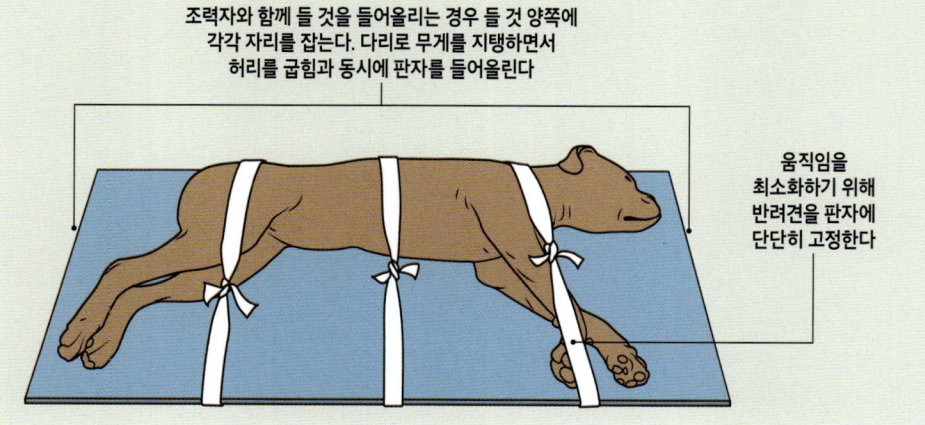

조력자와 함께 들 것을 들어올리는 경우 들 것 양쪽에 각각 자리를 잡는다. 다리로 무게를 지탱하면서 허리를 굽힘과 동시에 판자를 들어올린다

움직임을 최소화하기 위해 반려견을 판자에 단단히 고정한다

자동차 이동을 보다 편안하게 해주는 팁

- 이동 중에는 항상 물을 준비한다.
- 캐리어에는 반려견 한 마리만 넣도록 한다.
- 좋아하는 장난감을 넣어준다.
- 차량에서 소음은 최소로 하고 이동 중에는 반려견에게 부드럽게 말한다.
- 창문을 활짝 열지 않도록 한다.
- 쾌적한 온도로 유지한다.
- 급출발, 급정거는 피하고 조심스럽게 운전한다.

반려견이 크고 걸을 수 있다면 앞장 세워서 차로 데려오세요. 필요하고 안전에 문제가 없으면 반려견을 들어서 차에 태우세요. 차량용 하네스가 있고 상처 부위에 영향을 주지 않으리라 생각되면 하네스로 반려견을 고정시킵니다.

반려견이 의식이 없을 경우 옆으로 눕히고 머리가 정상적인 위치에 있도록 합니다. 반려견이 토했다면 머리가 약간 아래로 향하게끔 위치를 잡아주세요. 반려견이 의식이 없어도 계속해서 구토를 할 수 있거든요.

머리 또는 척추 부상일 때 머리는 고정되어야 합니다. 최대한 척추가 움직이지 못하도록 하세요. 반려견이 차에 있을 때 움직임을 최소화하기 위해 반려견 주변에 베개와 수건을 놓으세요. 만일 다리가 부러진 경우라면 거즈로 감싸고(128 페이지) 반려견을 옮길 때 다리를 받쳐줍니다. 부러진 다리가 움직이지 않도록 하세요.

바깥이 춥거나 반려견이 떨고 있다면 담요로 덮어주세요. 반려견도 사람처럼 외상 후에 쇼크에 빠질 수 있습니다. 중요 서류를 포함해서 구급상자를 챙겨서 동물병원에 가져가세요.

아래: 큰 부상을 입은 반려견은 옮기기 어렵다. 차량 이동 중에 반려견을 옆으로 눕히고 움직이지 못하도록 반려견 주변을 보호용 패드로 채운다.

경미한 상처 소독과 드레싱

상처를 소독하기 전에 라텍스 또는 고무 장갑을 착용하세요. 물린 상처에는 종종 고름과 분비물이 많아서 보호자 피부를 오염시키고 감염을 일으킬 수 있습니다.

작은 상처의 소독

1 우선 출혈을 멈추어야 합니다 (139 페이지).

2 반려견을 움직이지 못하게 하고 육안으로 상처를 검사합니다.

3 커다란 이물질이 상처에 박혀있는 것으로 보이면 그대로 두고 동물병원에 데려가세요.

4 상처가 깊으면 소독하지 말고 깨끗한 거즈나 천으로 덮고 동물병원에 데려가세요.

5 상처에 이물질이 없고 상처가 그리 깊어 보이지 않으면 클리퍼나 끝이 무딘 가위로 상처 주변 털을 조심스럽게 깎으세요.

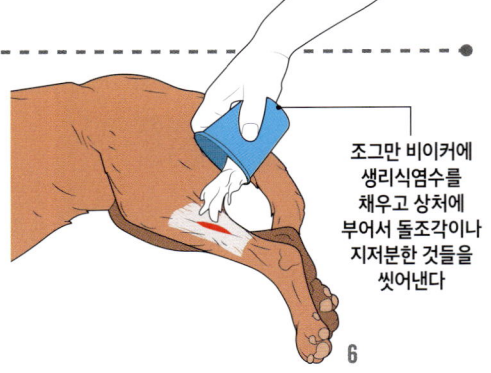

조그만 비이커에 생리식염수를 채우고 상처에 부어서 돌조각이나 지저분한 것들을 씻어낸다

6

6 생리식염수를 상처 부위에 부어 씻어냅니다 (84 페이지).

7 손가락으로 돌조각을 빼내거나 상처 부위를 문지르지 마세요.

8 상처 주변은 부드럽게 건조되지만 상처 그 자체는 건조되지 않습니다. (수건이나 종이로 상처를 건드리는 행위는 상처에 더 심한 외상을 주게 되고 상처를 치유하기 위해 상처 가장자리에서 이동 중인 치환상피세포의 치유 작용을 방해하므로 해롭습니다.)

> **NOTE:**
> 반려견이 스트레스를 받거나 힘들어 할 경우 진행하지 마세요. 보호자가 위험해 지거나, 반려견 상처도 더 악화될 수 있습니다.

작은 상처 드레싱하기

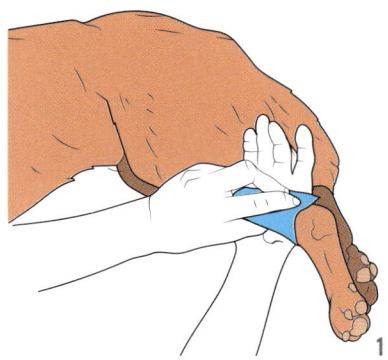

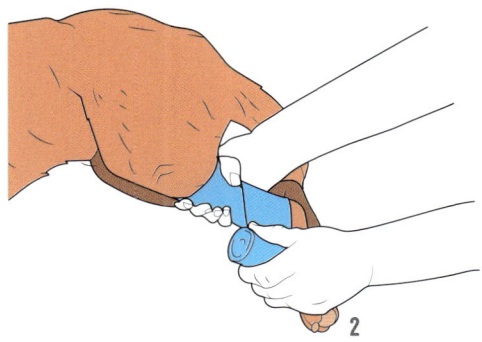

1 멸균된 비접착식 거즈를 상처에 대세요.

2 면 붕대로 덮으세요. 가능하다면 추가로 큰 거즈를 두 겹으로 해서 상처보다 훨씬 넓은 부위를 덮으세요.

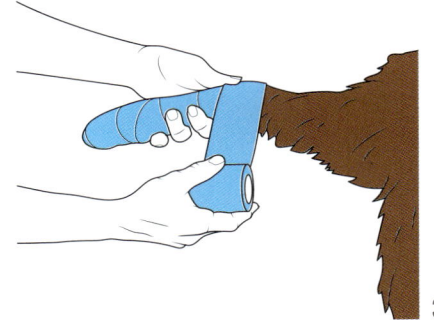

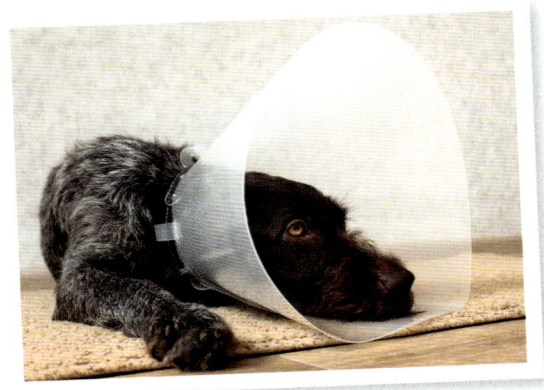

넥카라

3 접착식 또는 비접착식 붕대로 싸서 거즈를 고정시킵니다. 다리에는 어린이용 양말을 사용해서 붕대를 고정하는 것이 가장 좋습니다. 붕대를 잘 감되 너무 단단히 감지는 마세요. 붕대 아래로 손가락 2개를 밀어 넣을 수 있는지 확인 하세요.

4 붕대는 깨끗하고 건조하게 관리하세요. 필요하다면 상처 부위를 지나치게 그루밍하지 못하게 넥카라를 사용하세요 (174 페이지).

5 24시간 마다 드레싱을 교환해주세요.

 NOTE:
부종, 악취, 분비물, 발적 현상이 보이면 동물 병원에 데려가세요.

털과 피부과적 문제

반려견의 피부 문제는 기생충, 알레르기 또는 영양문제로 인해 발생할 수 있습니다. 반려견이 심하게 핥고, 그루밍하고, 긁고, 피부나 털을 물어 뜯으면 피부 밑이 붓고 부분 탈모가 생기거나 심하게 털이 빠질 수 있는데 이럴 경우 동물병원에 데려가세요.

왼쪽: 옴 또는 개선충은 옴진드기에 의해 감염되는 전염성 강한 피부질환으로 피부 속을 파고들어 가려움증을 일으킨다.

아래: 균형 잡힌 식단을 제공하고 털을 빗겨주고 전용 샴푸로 정기적으로 목욕을 시켜서 반려견 털을 건강하게 유지한다.

건강하고 윤기 있는 털

위: 효모균 감염은 피부상태의 변화 또는 면역체계의 약화로 인해 반려견 피부에 박테리아와 곰팡이가 증가하면서 발생한다.

반려견 털이 지저분해지면 깨끗하게 씻어요

반려견 털이 페인트와 같은 외부 이물질로 지저분해지면 다음 순서대로 하세요:

1. 넥카라를 이용해서 이물질을 핥지 못하게 하세요 (174 페이지).

2. 온수 샤워로 이물질을 최대한 씻어내세요.

3. 오염물질을 제거하려고 페인트 제거제와 같은 다른 물질을 사용하지 마세요.

4. 지저분한 부위가 작을 경우 오염된 털 부분만 자르는 것을 고려하세요.

5. 동물병원에 데려가서 필요하다면 진정제를 투여하고 반려견을 목욕시킬 수도 있어요.

위: 만일 독성이 있거나 냄새가 심한 물질을 사용 중이라면 반려견을 다른 방에 두도록 한다. 그런 물질은 반려견이 접근할 수 없는 안전한 장소에 보관한다.

오른쪽: 반려견은 개선충(82 페이지)과 모낭충(어미견에게서 옮김) 2종류의 옴으로 병을 앓게 되는데 둘 다 가려움증을 유발한다.

아래: 링웜^{피부사상균}은 몇몇 종류의 곰팡이에 의해 발병하는데 피부, 털, 발톱 등을 감염시키고 탈모 및 피부발진을 일으킨다.

안과적 문제

눈은 매우 섬세해서 눈 부위 상처를 적절히 치료하지 않을 경우 심각한 문제가 될 수 있습니다.

광선공포증은 반려견 눈에 이상이 있음을 알리는 일반적인 징후입니다. 부분적으로 눈을 감거나 찡그리는 것은 다음의 어떤 질환을 앓고 있음을 의미합니다:

- 각막 찰과상
- 결막염
- 반려견 홍역
- 백내장
- 각막궤양
- 포도막염 또는 홍채염
- 시신경에 발생한 농양 또는 종양

생리식염수 만들기

생리식염수는 상처, 부비강 및 눈을 세척하는데 사용한다. 시중에서 판매되고 있는 멸균 생리식염수를 비치해 두었다가 필요시 사용한다. 부득이한 경우 다음 순서대로 만들 수 있다:

- 물 500ml를 끓이고 미온수가 될 때까지 식힌다.
- 소금 한 스푼을 물 속에 넣고 잘 녹인다.

멸균 생리식염수나 깨끗한 수돗물로 눈을 씻긴다. 재감염을 막기 위해 매번 깨끗한 물티슈를 사용한다

반려견 눈

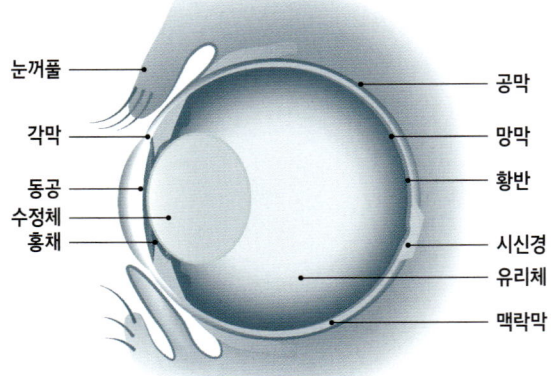

위: 반려견은 위, 아래 눈꺼풀과 순막이라 불리는 세 번째 눈꺼풀이 있다. 순막은 눈을 촉촉하고 깨끗하게 유지하는 추가 보호막의 역할을 한다.

눈 응급처치 방법

1 눈에서 색이 있고 딱딱하고 물기 있는 분비물이 나오면 따뜻한 물에 적신 천으로 부드럽게 닦으세요.

2 눈동자가 앞으로 나오면 생리식염수로 눈을 적시고 눈 위에 축축한 천을 올려놓으세요.

3 눈에서 피가 나면 해당 부위에 비접착식 거즈를 대주세요. 고정시키기 위해 붕대를 사용할 수도 있습니다. 10분 정도 그대로 둡니다. 거즈에 피가 스며들어 흠뻑 젖으면 거즈를 덧대세요. 피가 응고되는 것을 방해할 수 있으니 처음에 붙인 거즈를 제거하지 말고 그대로 둡니다.

아래: 눈은 매우 섬세한 구조체이다. 반려견 눈에 상처가 있고 붓고 투명하지 않으며 아파 보이면 동물병원에 데려가야 한다.

4 눈에 천공(구멍)이 없고 반려견 눈에 작은 이물질이 보이면 멸균 생리식염수로 눈을 씻으세요.

NOTE:

이러한 시나리오 중 어떤 경우라도 가능한 빨리 동물병원에 데려가야 합니다. 또한 눈이 붓고 투명하지 않으며 상처가 있거나 눈물이 날 경우, 그리고 제대로 눈을 뜨지 못하거나 감지 못할 경우에도 동물병원에 데려가야 합니다.

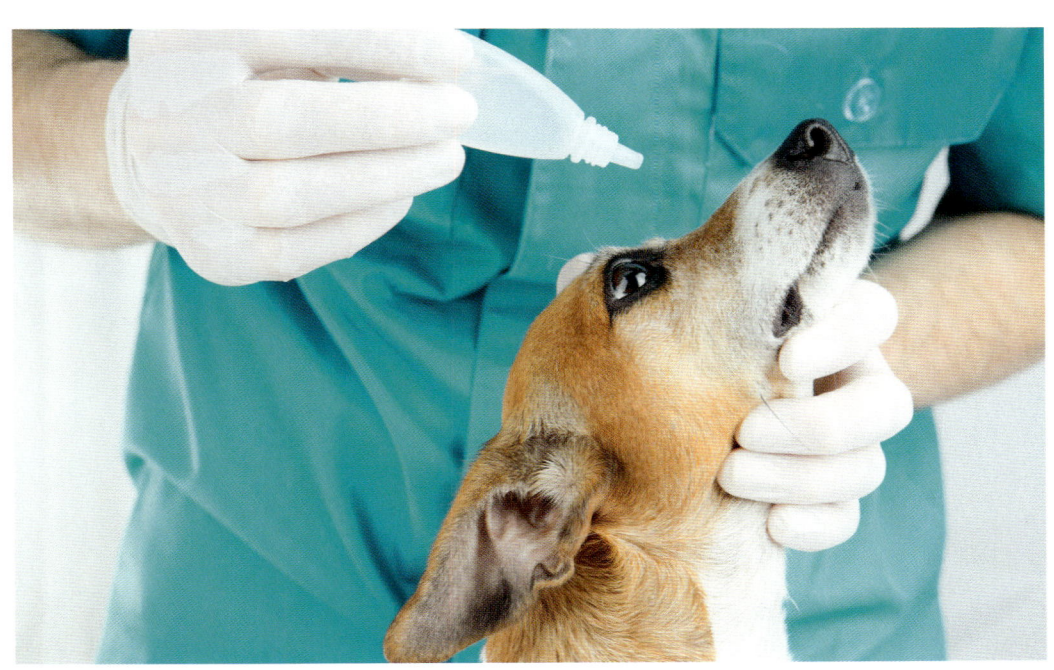

수술 후 돌보기

수술 후에 수의사는 반려견을 돌보는 방법과 무슨 약을 투약해야 할 지 알려줄 것입니다. 이 조언을 주의 깊게 따르는 것이 중요합니다.

반려견을 데리러 병원에 갈 때 필기구도 챙겨서 수의사의 지시사항을 잘 받아 적으세요. 아니면 수의사 동의 하에 스마트폰으로 대화를 녹취하는 것도 좋지요. 기억이 잘 나지 않는 것이 있으면 수의사에게 전화를 걸어 문의하세요.

수술 후 반려견을 편하게 해주기

수술 후에 반려견은 평소 같지 않다고 느낄 수 있으므로, 일단 집에 돌아오면 편안함을 느끼도록 최선을 다하세요. 반려견 잠자리를 다른 반려동물이나 사람들로부터 떨어진 조용한 곳으로 옮기는 것이 좋습니다. 처음에 마취 상태에서 깨어나면 매우 졸려 하는데 쉬도록 내버려 두고 너무 소란스럽지 않도록 하세요. 12시간 경과 후에도 평상시 컨디션으로 회복되지 않으면 동물병원에 연락해서 어디가 잘못된 것은 아닌지 알아보세요.

아래: 수술 후에 반려견은 졸려 할 것이다. 소란스럽게 하지 말고 반려견이 편안하고 안전하게 여기는 곳에서 자도록 조치한다.

오른쪽: 반려견이 수술 후 완전히 회복될 때까지 산책을 미뤄야 한다. 반려견이 준비가 되었는지 잘 모르겠다면 수의사에게 문의한다.

수술 후 반려견 급식

수술 후 몇 시간 동안은 먹이를 원하지 않을 수 있습니다. 배고플 때를 대비해서 반려견이 좋아하는 음식을 소량 준비하고 깨끗한 물을 가득 담아두세요. 반려견이 먹이를 먹어서 양이 줄어들면 한 시간 후에 다른 먹이를 조금 더 주세요. 마취 중 기관지에 튜브를 삽입한 상태였다면 수술 후에 가볍게 기침을 할 수도 있는데 대개 이 기침이 며칠간 계속될 것입니다.

수술 후 운동하기

완전히 회복될 때 까지 산책을 시키거나 활동을 독려하지 말고 너무 힘들어하지 않게 하세요. 수의사가 조언하는 대로 따르고 수의사가 모든 것이 다 괜찮다고 확인해주면 그 때 산책을 시작하세요. 수술 후 적어도 일주일은 반려견 활동이 제한되어야 하는데 수술 유형에 따라 좀 더 길어질 수도 있습니다.

수술 상처 관리

사용한 실밥 종류에 따라 수술 후 10일 또는 14일이 되면 실밥을 뽑기 위해 동물병원에 갈 수도 있습니다. 만일 녹는 실밥을 사용했다면 뽑을 필요가 없겠지요.

매일 상처부위를 살피고 만일 출혈, 분비물, 발적 현상, 부종 등의 이상 증세가 보이면 동물병원에 연락하세요. 아픈 것처럼 보이거나 시간이 지날수록 좋아지기 보다 더 악화되는 것으로 보이면 동물병원에 연락해야 합니다.

만일 상처가 반려견이 핥을 수 있는 위치에 있다면 상처가 치유되는 동안 넥카라를 착용시킬 필요가 있습니다. 밤낮으로 하루 종일 착용하도록 조치하세요.

상처 관리하기

동물병원에서 상처를 치료받던지, 보호자가 직접 작은 상처를 소독하고 드레싱을 하던지 감염을 예방하고 빠르게 회복하기 위해서 거쳐야 하는 몇 가지 단계가 있습니다.

상처와 붕대는 깨끗하고 건조하게 유지하는 것이 중요합니다. 반려견은 본능적으로 상처를 핥고 물어뜯습니다. 상처나 드레싱을 핥거나 긁고 씹는다면 넥카라를 채우도록 해야 합니다. 넥카라는 동물병원에서 구입하거나 가정에서 직접 만들 수 있습니다 (174 페이지).

아래, 오른쪽: 반려견이 넥카라 착용을 좋아하지 않을 수 있겠지만, 반려견를 위한 것임을 기억한다. 상처를 핥게 되면 감염을 일으킬 수 있다.

넥카라 (엘리자베스 칼라)

상처 관리하기 89

왼쪽, 아래: 드레싱 교체에 자신 없다면 가장 좋은 교체 방법을 동물병원에서 배워보자.

붕대는 기본적으로 매일 교체해야 합니다. 만일 수의사가 권할 경우는 더 자주 교체하시고요. 과정이 어렵고 반려견이 비협조적이면 동물병원에 데려가서 드레싱을 교체하도록 하세요. 붓고 악취가 나고 분비물이 나오고 빨개지는 현상이 보여도 동물병원에 데려가야 합니다. 확실히 나을 때 까지는 적어도 하루에 한 번씩 상처를 소독해야 합니다 (80 페이지).

처방 받은 약을 투약할 때 반드시 수의사 지시대로 따라야 합니다.

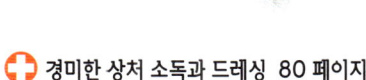
경미한 상처 소독과 드레싱 80 페이지

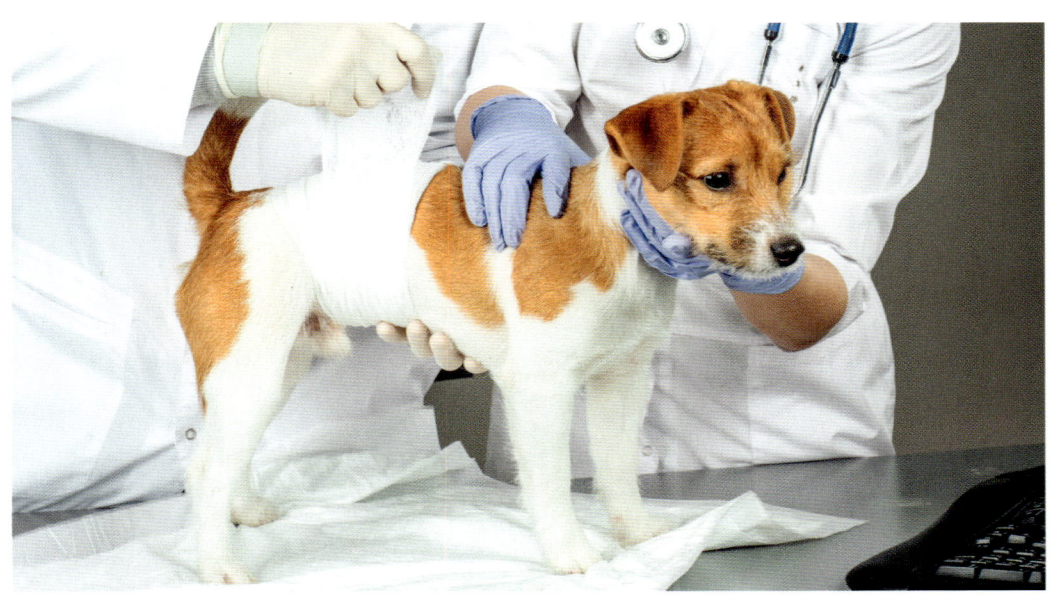

투약

수의사가 약을 처방할 때는 어디에, 어떻게 투약할 지(경구투약인지 국소 아이크림인지 등), 얼마나 자주 투약할 지(하루에 몇 번 약을 줄지 등), 그리고 치료과정이 얼마나 걸릴지 등에 대한 몇 가지 지침을 줄 것입니다.

반려견이 회복 중인 것으로 보이더라도 수의사의 지시에 따라 약물치료 전 과정을 계속해야 합니다. 기억하지 못하는 내용이 있다면 꺼려하지 말고 병원에 연락해서 확인을 요청하세요. 또한 약물 투약을 잘 하는 방법을 알려달라고 동물병원에 요청할 수 있습니다.

NOTE:
약품 봉투에 있는 지시사항을 읽고 지침대로 약품을 잘 보관하세요. 만일 부작용이 있다면 수의사에게 연락하세요.

아래: 수술 후 반려견을 관찰하고 상처가 감염되지 않도록 조치한다. 넥카라를 사용해야 할 상황일 수 도있다.

지시사항이 엄격해 보이지 않더라도 지시사항을 기록하고 안전하게 보관하세요. 투약 일정을 종이에 기록하거나 프린트해서 부엌에 붙여 두고, 제때 투약하는지 확인하기 위해 매 투약 때마다 표시를 하는 것은 어떨까요?

보호자가 진찰 중에 받은 정보 중 일부를 잊어버리는 것은 흔한 일입니다. 동물병원 입장에서는 이런 실수로 인해 반려견 건강이 위험해지는 것 보다는 확인을 위해 병원에 전화하는 것을 권장합니다.

위: 가정에서 투약이 필요할 경우 수의사가 투약 방법을 설명해줄 것이다. 만일 자신이 없다면 한 번 시범을 보여 달라고 한다.

오른쪽: 수의사가 전해 준 모든 지시사항을 기억할 수 있다고 기대하지 말 것. 실수하지 않도록 지시사항을 적고 안전하게 보관한다.

반려견 입 벌리기

반려견 입을 벌리려면:

1 한 손으로 머리를 잡습니다.

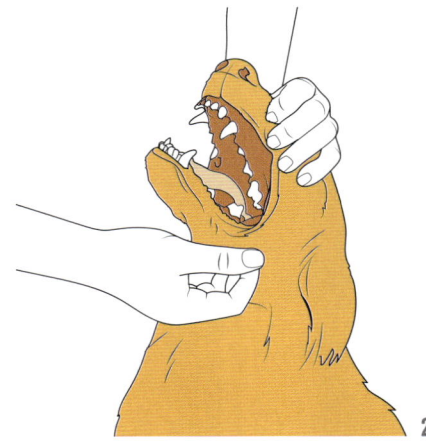

2 검지를 반려견 얼굴 한쪽에 그리고 엄지는 다른 쪽에 대고 이마 주변을 움켜 잡습니다.

3 검지와 엄지를 살짝 움직여 반려견 윗입술에 닿도록 합니다. 이 자세에서 머리를 들면 반려견 턱이 조금 벌어질 것입니다.

4 턱이 약간 벌어진 상태에서 반려견 입을 열 때 윗입술을 치아 위로 접으세요. 이렇게 하면 반려견이 물려고 하는 것을 막을 수 있습니다.

5 입 속으로 검지 끝을 넣고 입 천장에 닿도록 합니다.

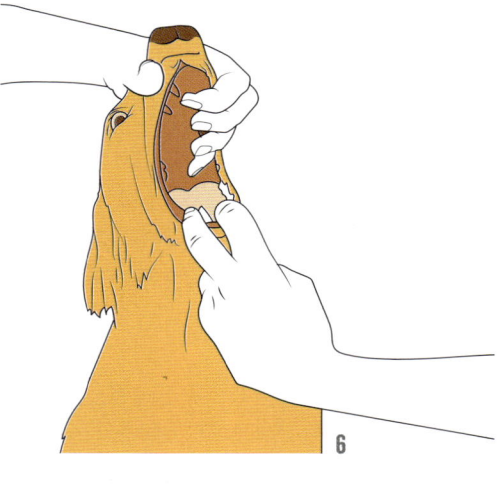

6 아래 턱의 중간 치아 사이에 다른 손 검지를 대세요. 아래 턱을 열려면 여기를 부드럽게 누르면 됩니다.

알약 먹이기

반려견 입을 벌린 후 다음 순서대로 하세요:

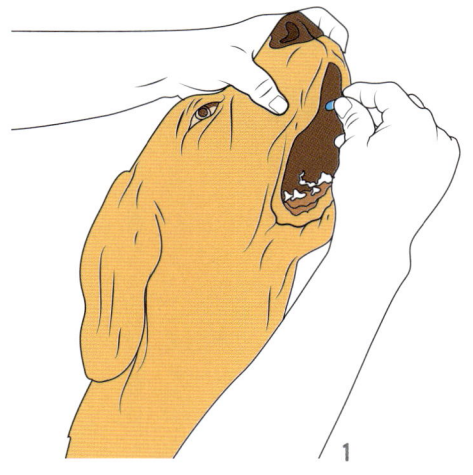

1 입 안쪽 혀 끝부분 중앙에 알약을 떨어뜨리세요. 이렇게 하는 것이 어려우면 알약 투약 기구인 "필건"을 구입하세요. 필건을 이용하면 반려견 입 속에 손가락을 넣을 필요가 없어요.

2 반려견을 풀어 주기 전에 알약을 잘 삼키는지 확인하세요.

3 알약을 삼켰는지 확실하지 않으면 삼킬 때까지 입을 꼭 쥐고 있도록 합니다.

4 목 아래 방향으로 쓸어줘서 잘 삼킬 수 있도록 도와주세요.

NOTE:
독시사이클린^{doxycycline}과 같은 특정 약은 알약만 투약해서는 안되고 음식이나 적정량의 물과 함께 투약해야 합니다. 수의사가 잘 알려줄 거예요.

1 피스톤을 끝까지 뒤로 당긴다

2 알약을 넣는다. 고무 주입구는 끝이 갈라져 있어 모든 크기의 알약을 넣을 수 있다

3 입 측면으로 필건을 집어넣고 목구멍 끝 부근에서 피스톤을 밀어 반려견 입 속으로 투약한다

위: 반려견이 알약을 확실히 삼키도록 하려면 손으로 주둥이를 잡고 부드럽게 움켜쥐어 입을 닫는다.

왼쪽: 특히 반려견 입 안으로 손을 넣기 불편하다면 필건 사용이 경구투약 과정을 훨씬 쉽게 해줄 수 있다.

물약 먹이기

반려견 입을 벌린 후 다음 순서대로 하세요:

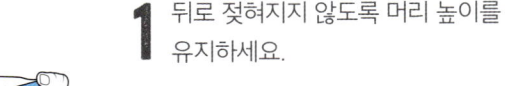

1 뒤로 젖혀지지 않도록 머리 높이를 유지하세요.

2 주사기가 들어갈 수 있을 정도로만 입을 벌리면 됩니다.

3 입 안의 한쪽 치아와 뺨 사이에 주사기를 조준하세요.

4 투약은 천천히 하고 필요한 만큼 약을 삼킬 수 있도록 가끔 멈추세요.

수의사가 처방한대로 정확한 양을 주사한다

위, 오른쪽: 반려견을 잡아 두고 주사기를 입 안에 넣기 전에 지시사항을 잘 읽고 처방받은 용량만큼 주사기에 주입한다.

음식과 함께 약 주기

음식에 약을 숨기는 것이 가장 편리한 투약방법이 될 수 있습니다. 하지만 모든 약을 음식과 함께 제공할 수 없으니 이런 식으로 투약하기 전에 동물병원에 꼭 확인을 해보세요.

음식과 함께 효과적으로 약을 주려면 다음 순서대로 하세요:

1 알약이 담긴 음식을 주기 전에는 몇 시간 동안 반려견에게 먹이를 주지 마세요.

2 수분이 있는 소량의 음식에 약을 숨겨서 먹인 후에 나머지 식사를 주도록 합니다.

3 반려견이 눈치가 빨라서 알약이 숨겨진 일반 음식을 먹으려 하지 않으면 좋아하는 음식에 숨기거나 "필 포켓"을 이용하세요. 필 포켓은 알약을 숨기려고 특별히 고안된 간식입니다.

음식의 양이 적을수록 그리고 배가 고플수록 알약을 흔쾌히 먹을 것이다

오른쪽, 위: 평소 음식에 들어있는 약을 먹으려 하지 않으면 필 포켓에서 간식을 꺼낸 것처럼 시도해본다.

NOTE:
수의사가 권장하지 않는다면 알약을 으깨어 음식에 넣지 마세요.

귀약 넣기

어떤 반려견은 귀에 약 넣는 것을 잘 참지만 어떤 반려견은 그렇지 못합니다.

효과적으로 귀에 투약하려면 다음 순서대로 하세요:

1 지시사항을 잘 읽고 투약할 용량을 확인하세요.

2 되도록 반려견이 움직이지 못하게 하세요. 작은 반려견이라면 무릎 위나 테이블 위에 두세요.

3 한 팔로 반려견이 움직이지 못하도록 잡으세요. 혹은 다른 사람에게 반려견을 잡아 달라고 하세요.

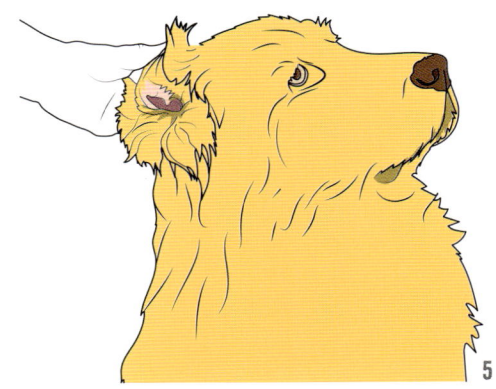

5

5 귓구멍이 보이도록 반려견 귀를 뒤로 접으세요.

6 투약하기 전에 귀청소가 필요하면 다음 페이지에 나오는 단계를 참조하세요.

7 일단 귀가 깨끗하면 투약을 할 수 있어요.

8 한 손으로 귀 물약병을 준비하고 약병 끝이 귀에 닿지 않도록 주의하세요.

4

4 치료해야 할 귀가 천장을 향하도록 한 손으로 반려견 머리를 잡으세요.

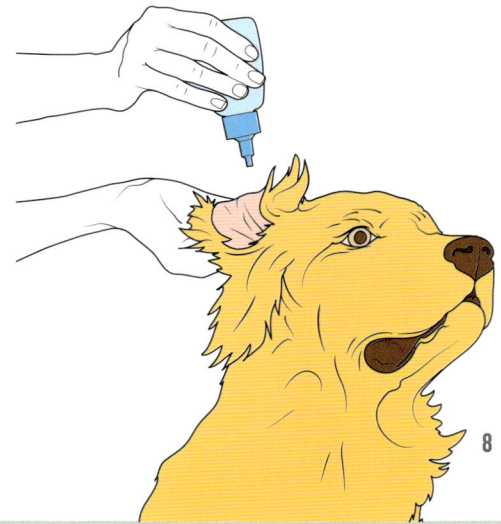

8

투약 97

반려견 귀 청소하기

반려견 귀를 청소하려면 다음 순서대로 하세요:

1 귀청소억은 탈지면으로 만든 솜뭉치에 묻혀 사용하세요. 끝이 면으로 된 도포기는 사용하지 마세요. 귀에 손상을 줄 수 있습니다. 특히, 긁힌 상처가 있다면 벌에 쏘인 듯 따끔거리고 반려견을 흩들게 할 수 있습니다.

9 귓구멍에 처방 받은 용량만큼 조금씩 떨어뜨립니다.

10 할 수 있다면 귀를 잡고 귀 밑부분을 약 30초 동안 부드럽게 마사지해서 귓구멍 전체에 약이 도포될 수 있도록 하세요.

11 귀를 놓고 반려견이 머리를 흔들도록 놓아 두세요.

12 귀에서 나오는 이물질을 깨끗한 탈지면으로 닦아냅니다.

2 외용병 끝이 귓속으로 들어가지 않도록 주의하면서 귀청소액을 귓구멍에 쭈- 넣으세요.

3 귀청소액으로 귓구멍을 채웁니다.

4 할 수 있다면 귀를 잡고 귀 밑부분을 30초 정도 부드럽게 마사지해서 귓구멍 전체에 용액이 도포되도록 하세요.

5 깨끗한 탈지면으로 귀에서 흘러나오는 찌꺼기를 닦아냅니다.

6 반려견이 머리를 흔들도록 합니다.

7 물러진 찌꺼기와 남은 귀청소액을 확실히 제거하려면 다른 깨끗한 탈지면으로 귀 덮개 부분을 다시 닦아 냅니다.

위: 귀약 또는 귀청소 용액을 사용한 후 반려견이 머리를 흔들 때 액체나 찌꺼기 등이 흔들려 나올 수 있다.

안약 넣기

안약을 넣으려고 할 때 반려견이 흔쾌히 받아들이지 않겠지만 가정에서도 충분히 할 수 있습니다. 다음 순서대로 하면 가장 좋을 거예요:

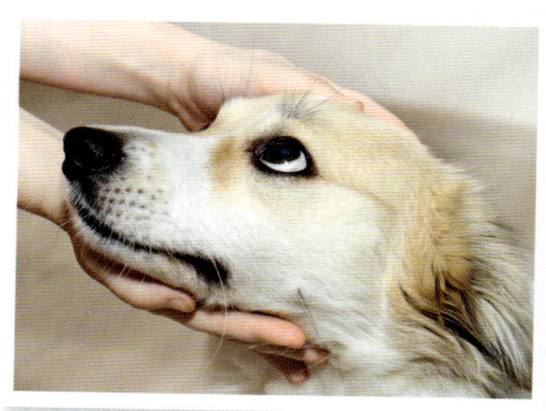

1 손을 잘 씻으세요.

2 반려견이 움직이지 않도록 편한 자세로 앉아 무릎 위에 반려견을 두거나, 보호자가 서 있을 경우 약간 높은 곳에 반려견을 두세요. 덩치가 큰 반려견이라면 서 있거나 앉은 자세로 움직이지 못하게 하세요.

3 제자리에 있도록 한 팔로 반려견을 잡으세요.

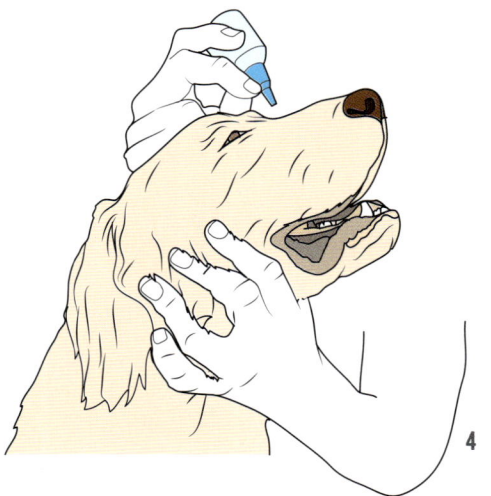

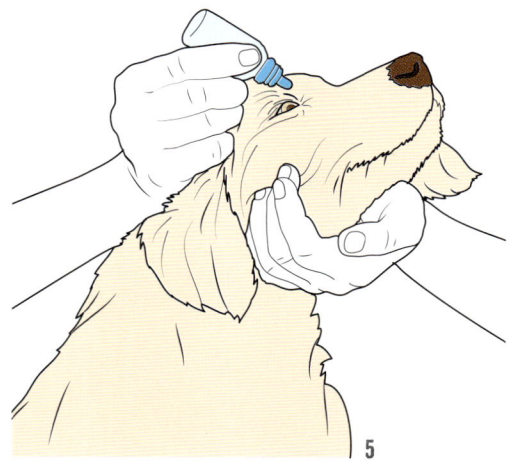

5 투약 준비가 되면 반려견 머리가 천장을 향하도록 부드럽게 기울입니다.

6 반려견 눈이 깨끗한지 확인하세요.

7 분비물이 보이면 세안액 또는 미온수로 씻어 냅니다. 탈지면으로 만든 솜뭉치에 소량의 세안액을 묻혀 눈가를 부드럽게 닦아 냅니다.

4 한 손으로 움직이지 않도록 반려견 머리를 잡으세요. 턱 아래에 부드럽게 손을 대면서 이때 엄지 손가락은 턱 한 쪽에 다른 손가락들은 반대편에 둡니다.

투약 99

NOTE:
구급상자에서 사용한 품목은 나중에 교체해야 한다는 것을 기억하세요.

오른쪽: 수의사가 안약을 처방할 경우 반려견 구급상자에서 탈지면으로 만든 솜뭉치와 패드형 거즈를 찾아서 투약 시 이용합니다.

아래: 안약을 넣기 전에 반려견 눈을 확인한다. 물기가 있거나 어떤 분비물이 보이면 투약 전에 닦아내야 한다.

8 아래 눈꺼풀을 부드럽게 당겨서 만들어진 눈 틈새로 수의사가 처방한 용량만큼 약병을 눌러 투약합니다. 틈새에 정확히 투약하지 못하더라도 걱정하지 마세요. 눈에 안약이 맺혀 있는 한 보호자의 다른 조치가 없어도 눈 전체로 약이 퍼질 것입니다.

9 일단 투약이 성공하면 눈 전체로 약이 퍼질 시간을 가지도록 반려견을 부드럽게 진정시킵니다. 반려견 눈을 만지지 마세요. 눈 비비는 것을 막으면서 몇 분 동안은 가만히 있도록 잡고 있기만 하면 됩니다.

의료용 샴푸로
목욕시키기

일반적으로 반려견은 사람처럼 매일 기본으로 목욕할 필요는 없지만 가끔 목욕이 필요합니다. 의료용 샴푸로 치료가 필요한 경우 그리고 특별하게 끈적거리거나 거슬리는 뭔가에 뒹굴었을 때처럼 계획에 없는 일이 생긴 경우에도 목욕을 시킬 필요가 있죠. 만일 반려견이 목욕을 싫어하더라고 걱정하지 마세요. 보호자와 반려견 모두 스트레스 받지 않고 시간이 지날수록 반려견이 목욕시간을 긍정적인 것으로 느끼도록 하는 여러 방법이 있습니다.

목욕을 시작하기 전에 적당한 욕조(목욕통, 커다란 양동이, 싱크대 등), 미끄럼 방지 매트, 반려견 전용 샴푸(필요시 컨디셔너 포함), 수건 몇 장, 거품수건, 커다란 대야나 바가지 몇 개, 하네스와 브러쉬를 준비해야 합니다. 사람이 쓰는 샴푸나 컨디셔너를 반려견에게 사용하면 안됩니다.

반려견이 편안하고 차분히 느낄 때를 선택하세요. 아마도 식사 후가 그럴 겁니다. 목욕을 시키기 전에 매듭지거나 엉킨 털을 브러쉬로 빗어서 정리하세요. 이렇게 하면 목욕시키는 것이 훨씬 쉬워집니다. 주위에 다른 사람이 있으면 목욕시키는데 도움을 빌리도록 하세요.

반려견이 욕조에 들어가도록 장난감으로 유도할 수도 있어요. 장난감을 가지고 노는 동안 물을 약간 뿌려주는 것이 물에 익숙해지도록 하는 좋은 방법입니다.

아래: 반려견에게 차분하게 말하며 따뜻한 물을 필요한 만큼 욕조에 채운다. 편안하고 긴장이 풀리도록 장난감을 주도록 한다.

NOTE:
사람이 쓰는 샴푸나 컨디셔너를 반려견에게 사용하지 마세요.

의료용 샴푸로 목욕시키기 101

반려견 목욕에 필요한 도구

- 적당한 크기의 욕조 (목욕통, 빨래통, 아기 욕조, 싱크대 등)
- 반려견 전용 샴푸 (필요시 컨디셔너 포함)
- 수건 몇 장
- 거품수건
- 커다란 대야나 바가지 몇 개
- 목줄과 리드줄
- 브러쉬
- 욕실용 바가지

빨래통
욕실용 바가지
브러쉬
수건
반려견용 샴푸
리드줄과 목줄

왼쪽: 목욕 중 욕조에서 벗어나려 할 경우에 다루기 쉽도록 목줄에 리드줄을 먼저 걸어놓는다.

의료용 샴푸 사용하기

다음 순서를 따르면 가장 좋습니다:

1 반려견이 미끄러지지 않도록 미끄럼 방지 매트 또는 수건을 욕조 바닥에 까세요.

2 반려견 목욕에 필요한 딱 맞는 온도의 미온수를 5~8cm 높이로 욕조에 채우세요.

3 하네스가 있다면 반려견에게 채우세요.

4 반려견을 욕조에 내리기 전에 물 온도가 뜨겁지 않은지 확인하세요.

5 스트레스를 줄이기 위해 반려견에게 차분하고 부드럽게 계속 말을 합니다.

6 반려견을 야단치지 마세요; 반려견이 너무 힘들어 하면 중단하고 다른 날 다시 해보거나 동물병원에 조언을 구하세요.

위: 욕조에 반려견을 넣기 전에 털을 빗겨주고 모든 것을 준비해 두면 더 수월하게 전체 과정을 진행할 수 있다.

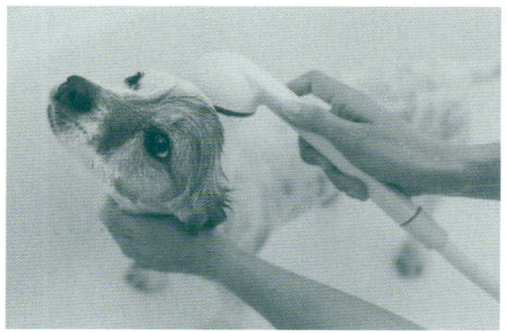

7 반려견이 목욕하는 것을 괜찮아 하면 바가지로 욕조에 있는 물을 부어주세요. 샤워기를 이용해서 물을 뿌리면 반려견에게 스트레스와 불안감을 줄 수 있지만 일단 목욕에 익숙해지면 샤워기를 이용할 수 있어요.

8 샴푸 소량을 환부에 사용하세요. 전신 목욕이 필요한 경우라면 목부터 아래로 샴푸합니다.

의료용 샴푸로 목욕시키기 103

9 반려견 털을 샴푸로 마사지하세요. 이때 눈, 코, 입, 귀에 샴푸가 묻지 않도록 해야 합니다.

10 샴푸를 완전히 씻어내세요. 샴푸를 완전히 제거하는 것은 중요합니다. 이렇게 하려면 욕조를 비우고 다시 채우기를 2회하고 반려견에게 부드럽게 물을 부어 매번 샴푸를 제거합니다.

11 반려견 얼굴을 닦을 때는 눈과 입은 피해서 젖은 수건으로 부드럽게 닦아냅니다.

12 수건으로 몸을 부드럽게 말리세요. 털에 있는 물기를 닦아내고 부드럽게 문지릅니다.

13 수건이 젖으면 마른 새 수건으로 교체하세요.

14 반려견 털이 길면 빗질을 하고 남아있는 물기를 마른 수건으로 닦아내세요. 반려견이 불안해하지 않는다면 따뜻한 바람이 나오는 헤어드라이어기를 사용할 수도 있습니다.

15 목욕 후에는 간식을 주고 쓰다듬고 놀아주세요. 이렇게 보상을 하면 목욕이 긍정적인 감정과 연결되고 나중에 다시 목욕시킬 때 더 쉬울 거예요.

귀, 가슴, 목, 발을 말릴 때는 매우 부드럽게 한다

수건으로 세세히 문지르듯이 하지 말고 수건으로 젖은 털을 꾹꾹 눌러서 가능한 많은 물기를 빨아들인다. 털이 마를 때까지 반복한다

왼쪽: 목욕이 끝나면 수건으로 부드럽게 말리고 털이 완전히 마를 때까지 상온에 있도록 한다.

임신 확인

중성화를 하지 않은 암컷 개을 데리고 나갔는데 시야에서 놓쳐버린다면 이 개가 임신을 하게 될 가능성이 높아집니다. 암컷 개는 생후 6개월부터 임신이 가능하고 1년에 두 번 약 2, 3주 동안 발정기가 옵니다.

임신과 출산

암컷 개가 발정기가 되면 생식기가 부풀고 생리를 하게 됩니다. 다른 징후로는 동요, 불안, 공격성향, 빈뇨, 꼬리를 마는 방식의 변화 등이 있습니다. 또한 생식기 부위를 과도하게 핥기 시작할 수 있습니다.

짝짓기

구애

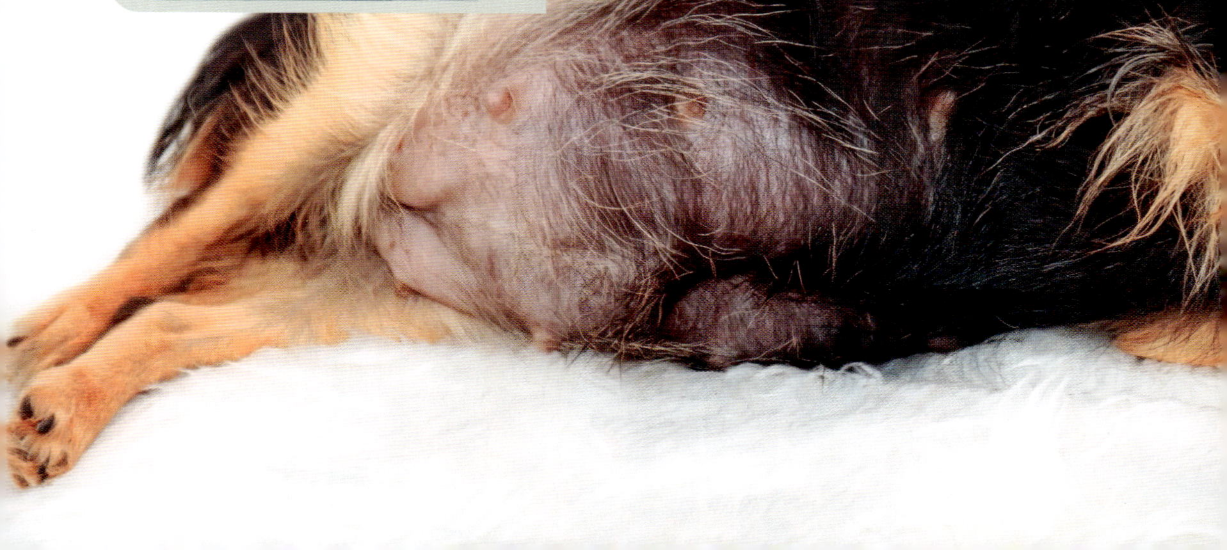

일반적으로 암컷 개는 발정기에 들어간 약 7일 동안 수컷 개의 짝짓기를 잘 받아들입니다. 수컷 반려견은 사람보다 더 빨리 이런 신호를 포착합니다. 그래서, 발정기임을 알아차렸을 때 중성화하지 않은 수컷과 접촉했을 경우라면 이미 짝짓기를 했을 수 있습니다.

> **NOTE:**
> 임신, 출산과정, 신생견 돌보기에 대한 정보는 170 페이지를 참조하세요.

반려견 임신 징후

처음 몇 주 동안 눈에 보이는 임신 징후가 거의 없기 때문에 반려견의 임신여부를 깨닫지 못할 수 있습니다. 한 달 정도 지나면 젖꼭지가 더 선명해지고 분홍빛이 돌게 됩니다. 이 시기가 되면 점액질의 분비물이 나오기도 합니다. 사람처럼 임신 초기에는 가끔 구토를 할 수도 있고요. 더 많이 먹고 체중이 늘고 결국 젖샘이 가득 차게 됩니다. 임신한 반려견을 위해 특별 음식을 펫샵에서 구할 수 있습니다. 임신한 반려견이 충분한 영양 공급을 받을 수 있도록 하루에도 여러 번 음식을 주어야 합니다.

왼쪽: 신체적, 행동적 징후를 처음 발견했을 즈음이면 반려견은 이미 임신 몇 주가 된 상태일 것이다.

재난상황에서 반려견 안전하게 지키기

재난 상황에 처하지 않는 것이 좋겠지만 항상 만반의 준비를 하는 것이 좋습니다. 이 장에서는 화재나 극한 기상 상태가 예상되는 재난 상황에서 반려견을 어떻게 보호해야 하는지에 대한 가이드를 제시합니다. 어떤 상황이든지 미리 계획을 세워 두고 가족 구성원 모두와 공유하는 것이 최선입니다.

미리 생각해 둘 것들
반려견이 어디에 머무를 수 있나요?
집에서 대피한다면 반려견이 어디로 갈 수 있는지 생각해보세요. 한동안 반려견을 맡아줄 친구나 가족이 있나요? 가장 가까운 동물 보호소나 반려동물 호텔이 어디인가요?

아래: 반려견을 식별하는 가장 좋은 방법은 마이크로칩을 내장하는 것이다. 태그인식표는 없는 것보다는 낫지만 분실 또는 파손될 수 있다.

누군가가 여러분의 반려견을 발견한다면 보호자와 연락을 할 수 있을까요?
헤어지게 되는 경우 반려견의 식별이 가능해야 합니다. 반려견 인식표가 달려 있는 목줄을 채우고 동물병원에 가져가서 마이크로칩에 인식 정보를 저장하세요. 꼭 준비해야 하는 것입니다. 반려견은 언제라도 달아날 수 있지만 재난 상황에서 특히 그럴 가능성이 높습니다. 집으로 돌아오는 길을 찾지 못할 수 있으므로 마이크로칩을 내장하고 최신 인식 정보를 유지하는 것이 유사시 반려동물과 다시 만나기 위해 할 수 있는 가장 중요한 준비입니다.

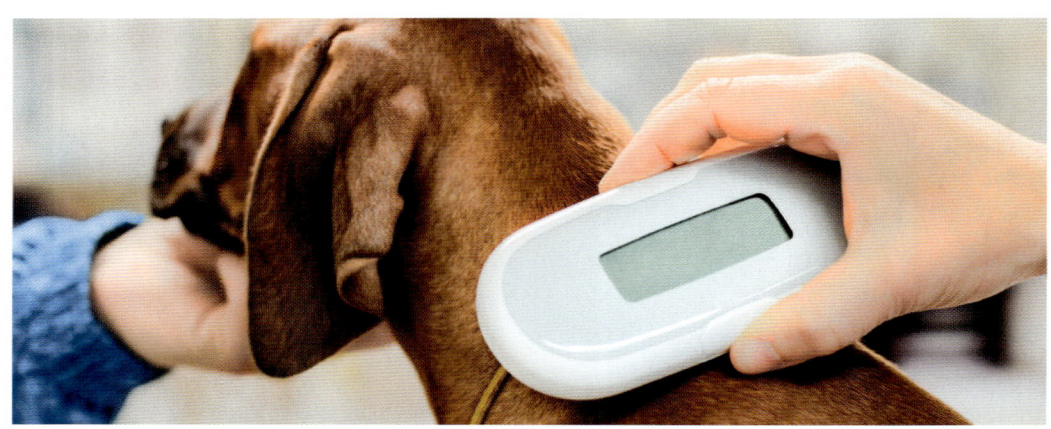

아래: 대피하거나 반려견을 가둬야 할 경우를 대비해서 재난용 키트를 연중 내내 준비해 두자.

비상용 키트

- 기본 구급상자.
- 방수용기에 보관된 일주일 분량의 충분한 건식 사료 (신선도 유지를 위해 매달 교체하자).
- 일주일 분량의 충분한 생수.
- 신원 확인을 위해 구조대에게 보여줄 수 있는 반려견 최신 사진.
- 반려견이 밖으로 나갈 수 없을 때를 대비한 종이타월, 방수 배변패드, 기저귀.
- 배변 수거용 1회용 비닐팩.
- 반려견에게 필요한 약.
- 동물병원과 동물보호소 연락처.
- 리드줄과 목줄.

일주일 분량의 충분한 생수

최근 사진

리드줄과 목줄

1회용 비닐팩

반려견 약

기본 구급상자

방수 배변패드

➕ 화상 132 페이지
➕ 익사 148 페이지
➕ 쇼크 응급처치 119 페이지
➕ 경미한 상처 소독과 드레싱 80 페이지

화재

반려견은 곧잘 물건을 쳐서 넘어뜨리는데 촛불이나 화염을 건드리는 위험한 경우도 드물지 않습니다. 가정에서 아예 초를 이용하지 않는 것도 방법입니다. 집에 촛불이 켜져 있다면 절대 혼자 방치하지 말고 방을 나설 때 촛불이 완전히 꺼진 것을 확인해야 합니다.

외국처럼 보호자가 창문 스티커를 구입해서 이 집에 반려동물 몇 마리가 있는지 소방관에게 알리는 것도 좋습니다. 현관문, 뒷문에 모두 스티커를 붙이세요.

만약 최악의 상황이 발생하여 반려견이 있는 집에 불이 나면 일단 보호자가 안전한 곳으로 이동한 후 반려견 상태를 확인하세요. 반려견이 멀쩡해 보여도 즉시 동물병원에 데려가세요. 수의사가 부상과 연기 흡입 여부 등을 검사할 수 있습니다.

아래: 만일 화재 현장에 있었다면 부상이나 질병 징후가 보이지 않더라도 반드시 동물병원에서 검사를 받아야 한다.

오른쪽: 홍수물은 더럽고 때로는 위험한 화학 물질을 포함한다. 거주지에 홍수가 발생하면 반려견을 물과 접촉하지 않도록 하는 것이 최선이다.

홍수

홍수 취약 지역에 살고 있다면 홍수경보를 대비해 준비해야 할 일이 정말 많습니다. 우선 지방 자치 기관에서 임시 대피소에 반려견을 허용하는지 여부를 확인하세요. 그렇지 않다면 비상 상황에 친구나 친척집에 머물 수 있도록 준비를 해두세요.

홍수경보가 발령되었다면 반려견을 먼저 대피 시켜야 합니다. 사람들이 집을 떠나지 않았더라도 반려견을 인근의 다른 안전한 장소에 옮기는 것이 현명한 예방책입니다. 이렇게 하는 것이 유사시 보호자와 반려견의 스트레스를 경감시켜 줄 것입니다.

대피할 시간이 없다면 반려견을 실내에 두어야 합니다. 홍수로 인해 넘친 물은 더러워서 반려견이 들이키거나 그 속에서 돌아다니면 위험할 수 있습니다. 집 안에 있는 모든 화학물질은 높은 저장 공간으로 옮겨서 물을 더 오염시키지 않도록 하세요.

반려견 필수품(먹이, 이불, 그릇, 구급상자, 진료기록지 등)은 위층 안전한 장소로 가져가세요. 집을 떠나 대피해야할 경우를 대비해서 반려견 리드줄도 가져가세요. 홍수 경보 중에 반려견이 얌전하게 있도록 장난감을 가져가세요.

집을 떠나 대피할 경우 반려견을 데리고 가서 안전한 장소에 두세요. 임시 대피소, 친구 집, 켄넬, 반려동물 호텔 등을 고려할 수 있습니다. 집을 쌀 때 위에서 나열한 반려견 필수품을 꼭 챙기세요.

어쩔 수 없이 반려견을 집에 두고 떠나야 하는 비상 상황에서는 위층에 반려견을 가두는 것이 최선 입니다. 충분한 먹이와 물이 있는지 확인하고 현관 문에 반려견이 집 안에 있다는 메모를 남겨두세요. 지역 동물보호협회 또는 지역당국에 연락하고 조언을 구하세요.

지진

지진은 별다른 경고 없이 발생하는 경우가 많으므로 지진이 잦은 지역에 살고 있다면 미리 계획을 세우는 것이 중요합니다. 지진이 임박했음을 알았다면 구조물 붕괴와 낙하물로부터 안전한 장소의 실내공간에 반려견을 데리고 있는 것이 가장 좋습니다. 크레이트crate가 있다면 크레이트 안에 반려견을 넣어두세요.

지진 발생 중에는 보호자 자신을 지키는 것이 우선입니다. 바닥으로 내려와 엄폐물을 찾고 뭔가를 붙잡으세요. 반려견은 대피할 안전한 장소를 찾을 가능성이 높으며 대개 이런 스트레스 가득한 상황에서 만지는 것을 원치 않을 것입니다.

위: 자연재해는 최악의 기상상황이 지나갔다고 해서 반드시 끝나는 것이 아니다. 주변이 안전해질 때까지 반려견을 잘 보호한다.

일단 지진이 지나가면 사물이 파손되어 바닥에 깨진 유리나 날카로운 파편이 있을 수 있으니 주의하세요. 반려견이 위험지역에 돌아다니지 못하게 하세요. 밖으로 내보내기 전에 바깥이 안전한지, 날카로운 파편이나 화학물질 등의 유출로 위험하지 않은 지 확인하세요.

대형 폭풍

태풍과 같은 대형 폭풍으로 부터 반려견을 안전하게 지키려면 폭풍이 몰아치기 전에 실내로 이동해야 합니다. 반려견이 위험이 적은 실내에 있다면 부상으로부터 훨씬 안전할 거에요. 그리고 안전한 장소로 대피할 필요가 있을 때 반려견을 불러 모으기도 쉬울 것입니다.

심한 바람을 동반한 태풍 경보가 발령되었다면 반려견에 리드줄을 매고 (혹은 크레이트에 넣고) 안전한 창 없는 방 또는 벽장으로 데려가세요. 비상용 키트도 같이 가져가세요. 반려견이 캐리어에 있을 경우 가능하다면 튼튼한 가구 밑에 두세요. 외부가 안전하다는 지역 관계기관의 공식발표가 나올 때까지 반려견을 안에 두세요.

위, 아래: 자연재해가 끝나면 날카로운 물체, 화학물질 유출, 불안정한 지표면, 누전과 같은 수많은 위험 요소들이 남아있을 수 있다. 그러므로, 안전해질 때까지 반려견은 실내에 두어야 한다.

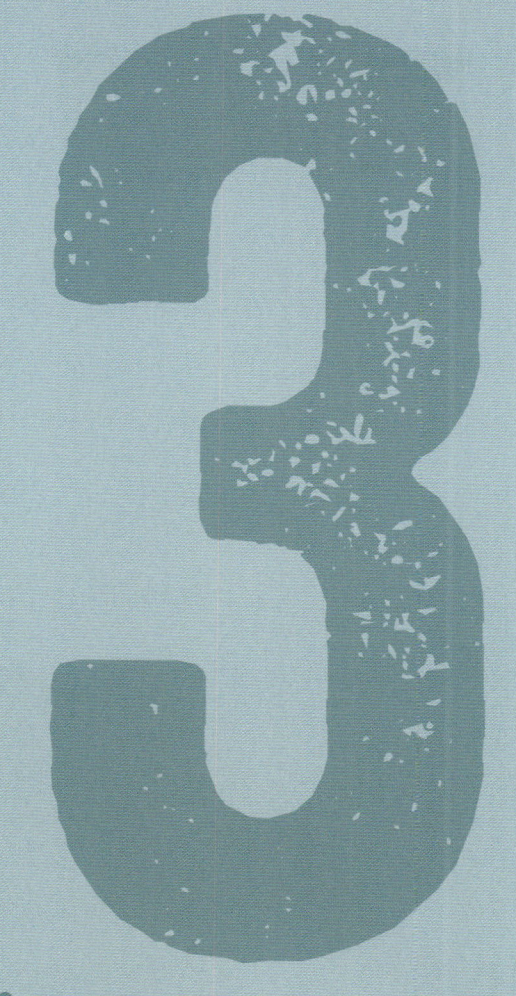

3

응급처치

반려견이 아픈지 어떻게 알 수 있나요?

반려견은 매우 능숙하게 고통을 감출 수 있습니다. 야생동물이었을 때 이것은 유용한 기술이었을 것입니다. 고통을 내색하는 것은 경쟁자들에게 자신이 부상을 당해서 쉬운 먹잇감이라고 홍보하는 것이나 다름이 없었을 테니까요. 과거에는 효과적으로 목숨을 보전하는 기술이었을지 몰라도 보호자 입장에서는 이런 위장 능력 때문에 반려견이 아픈지를 알아채기 어렵게 되었습니다.

절뚝거리거나 분명한 상처가 있으면 반려견이 아픈 상태임을 확실히 알 수 있습니다. 그러나, 부상이 명확하지 않더라도 주목해야 할 단서들이 있습니다.

보호자는 반려견의 일반적인 행동패턴, 걸음걸이, 기분 등을 다른 누구보다 잘 알고 있습니다. 그래서 어딘가 잘못되었을 때 즉시 알아챌 수 있습니다.

걸음걸이 변화

만지는 것에 예민하게 반응함

축 처지고 접힌 꼬리

점프를 하지 않고 장난감에 관심이 없음

걷기를 싫어하거나 절뚝거림

실내 배뇨

반려견이 아픈지 어떻게 알 수 있나요? 115

주의해서 보아야 할 변화들

아픈 반려견은 다음에서 변화를 보일 수 있다:
- 소리
- 식욕
- 행동
- 움직임
- 그루밍
- 배변과 배뇨
- 눈 모양
- 자세

다래: 반려견의 신체 또는 행동에서 통증 징후가 발견되면 동물병원에 데려가서 검사한다.

- 어울리지 않고 숨어버림
- 불안
- 과잉 애착
- 우울해짐
- 먹기를 꺼림
- 심술부리고 화냄
- 울부짖음, 비명, 으르렁거림
- 특정 부위를 심하게 핥거나 그루밍함
- 빠른 호흡, 얕은 숨, 빠른 심장박동

반려견이 아프다는 징후

물기: 아픈 반려견은 물려는 성향이 강해집니다. 평소 태도와 상관없이 모든 반려견이 그렇습니다. 아픈 부위를 만지거나 만지려고 하면 공격성을 보일 수도 있어요.

회피: 쓰다듬으려 할 때 반려견이 피하면 아픈 상태일 수 있습니다. 반대로 어떤 반려견은 아플 때 더 관심을 받으려고 하죠. 평소 행동에서 어떤 변화가 있는지 유의하세요.

소리: 아픈 반려견은 평소와 다른 소리를 낼 수 있습니다. 으르렁거리고 비명을 지르고 낑낑거릴 수도 있죠. 보호자가 반려견이 어떤 움직임을 취할 때 내는 특정한 소리를 평소에 알고 있다면, 이것이 어디가 아픈지 알아내는 단서가 될 수 있습니다.

자세 변화: 평소 자세에서 어떤 변화가 있다면 아프다는 신호일 수 있습니다. 아픈 반려견은 몸 아래로 꼬리를 말아 넣거나 비정상적인 자세로 다리를 들 수도 있죠. 또한, 반려견의 등이 아치형의 뻣뻣한 자세로 변한 것을 볼 수도 있습니다.

눈의 변화: 반려견이 아프면 동공이 희미하게 됩니다. 눈에 통증이 있으면 원인에 따라 평소보다 더 커지거나 작아질 수 있죠. 또한 눈을 찡그리거나, 눈을 감거나, 눈동자가 충혈되거나 흐리거나 분비물이 나오거나, 밝은 빛을 피하면 아프다는 징후입니다.

만질 때 반응: 특정 부위가 아프다면 그 부위를 만지려고 할 때 반응을 보일 것입니다.

움직임 변화: 원인에 따라 다르지만 아픈 반려견은 평소와 다르게 움직이거나 움직임이 줄어들 수 있습니다. 평소 걸음걸이와 속도를 기억해 두세요. 예전처럼 여전히 점프를 하나요? 돌아다니는 것을 꺼려하나요?

관계 변화: 반려견이 아프면 평소보다 사람, 동물, 놀이에 대한 관심이 줄어들 수 있어요. 반면에 어떤 반려견은 더 관심을 끌려고 합니다. 그러므로 사람에 대한 평소 행동에 작은 변화라도 있으면 이에 주목하세요.

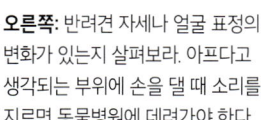

오른쪽: 반려견 자세나 얼굴 표정의 변화가 있는지 살펴보라. 아프다고 생각되는 부위에 손을 댈 때 소리를 지르면 동물병원에 데려가야 한다.

화장실 변경: 아픈 반려견은 평소와 같은 배뇨와 배변이 어렵습니다. 배뇨할 때 자세를 바꾸거나 움직이기 어려우면 평소에 사용하던 장소를 이용하지 않습니다.

활력의 변화: 반려견이 아프면 활동 수준을 줄일 수 있습니다. 평소처럼 뛰어 다니거나 놀지도 않고 잠자는시간이 늘어날 수 있습니다. 반대로, 안절부절 못하고 수면장애를 겪을 수도 있습니다.

흔들거나 떨림: 몸을 흔들거나 떠는 것은 춥다는 신호일 수도 있지만 반려견이 아프다는 징후일 수도 있어요.

그루밍의 변화: 반려견이 아프면 몸의 한 부위를 지나치게 핥을 수 있습니다.

신체 변화: 반려견 몸에 부은 곳이 있는지 살피세요. 이것은 반려견이 아프다는 분명한 징후입니다.

식욕 변화: 아픈 반려견은 평소보다 적게 먹고 마실 수 있습니다. 이것은 반려견 치아나 입 안 어딘가에 통증이 있을 경우에 특히 그럴 수 있습니다.

호흡 변화: 호흡이 더 빠르거나 깊거나 더 얕게 숨을 쉬거나 헐떡거리는 등 호흡에서 어떤 변화가 보이면 반려견이 아픈 상태일 수 있습니다.

심박수 변화: 심박수의 증가는 통증 징후가 될 수 있습니다. 반려견을 쓰다듬다가 알아챌 수 있고, 혹은 반려견이 아픈 것으로 의심이 되면 심박수를 체크해도 됩니다 (62 페이지).

통증 관리

- 통증의 종류에 따라 다르지만 집에서 환경의 변화를 통해 반려견의 통증을 진정시키는데 도움을 줄 수 있습니다. 예를 들어 통증이 반려견 움직임에 영향을 준다면 먹이, 물, 잠자리 등을 닿기 쉬운 곳으로 옮기는 것을 고려해본다.

- 여러 반려동물이 살고 있으면 다른 동물들과의 관계를 관찰한다. 아픈 반려견은 통증이 있는 동안 거친 놀이나 뒤쫓기 게임등을 하면 안됩니다.

- 가정에서 반려견 통증을 관리할 때 반려견의 행동방식, 활동, 반복되는 일상의 변화 등 관찰내용을 기록한다. 수의사와 다음에 만날 때 그 기록을 공유한다.

성격 변화: 코호자가 반려견을 제일 잘 알죠. 정확히 무엇이 잘못되었는지 콕 짚을 수 없더라도 반려견이 이상하게 행동하거나 행동에 뭔가 이상이 있음을 발견하면 진찰을 위해 병원에 데려가는 것이 좋습니다. 반려견이 아프다고 진단이 내려지면 수의사는 약물치료, 온열치료, 물리치료, 집 환경이나 생활 방식에 변화를 주어 통증을 관리할 계획을 보호자와 함께 세울 수 있습니다.

NOTE:
수의사의 지시 없이 어떤 약물도 투약하지 마세요.

쇼크 응급처치

반려견이 쇼크 상태에 빠지면 신체에 혈액이 충분히 순환하지 않아 사망에 이를 수 있는 심각한 응급상황입니다. 즉시 동물병원에 연락하고 반려견 증상을 자세히 설명하세요.

어두운 분홍빛 또는 창백하거나 하얀 잇몸, 차가운 발, 정신착란, 호흡수 변화, 약한 맥박을 보이면 반려견이 쇼크 상태에 빠진 것일 수 있습니다.

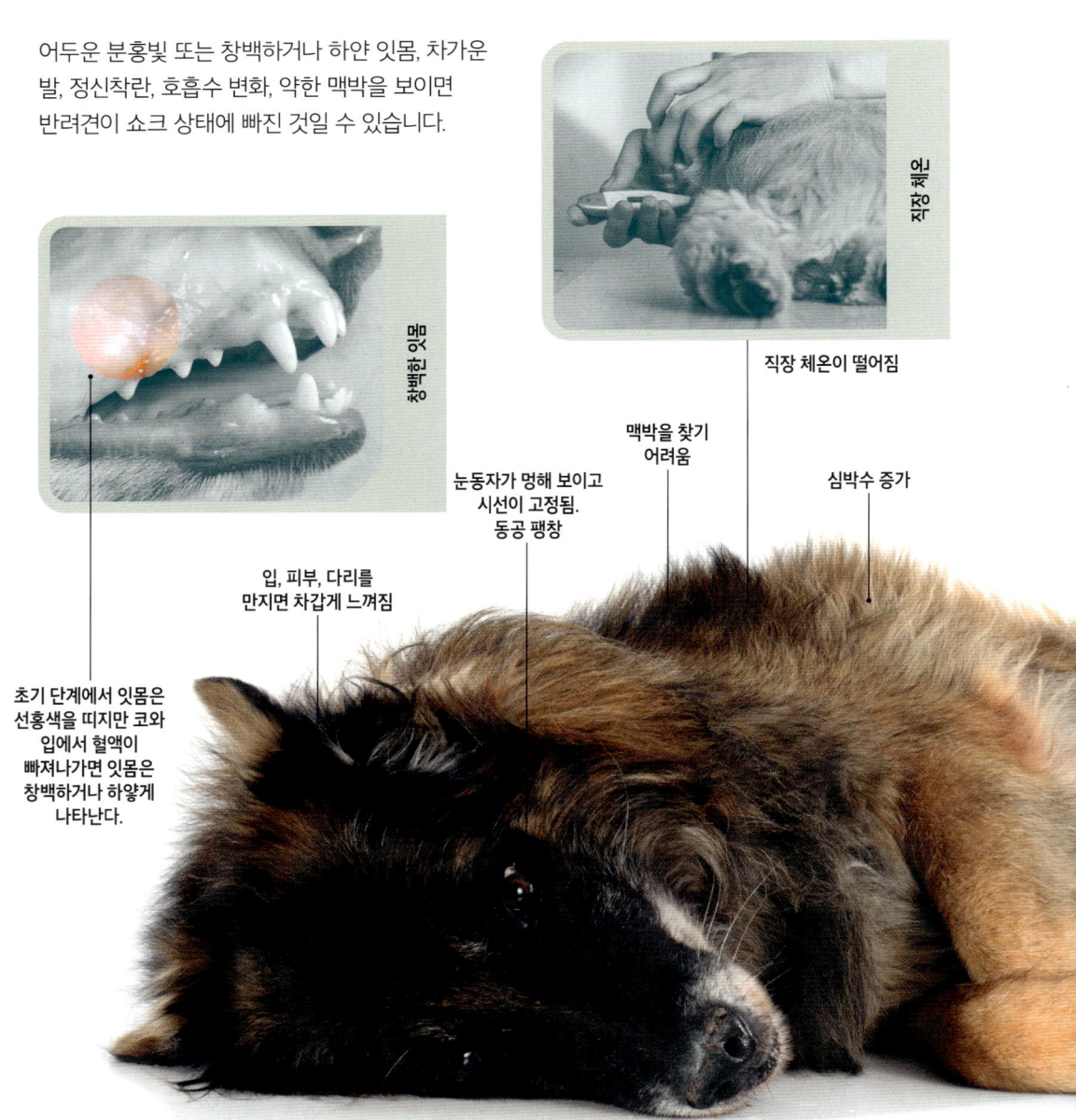

창백한 잇몸

직장 체온

직장 체온이 떨어짐

맥박을 찾기 어려움

심박수 증가

눈동자가 멍해 보이고 시선이 고정됨. 동공 팽창

입, 피부, 다리를 만지면 차갑게 느껴짐

초기 단계에서 잇몸은 선홍색을 띠지만 코와 입에서 혈액이 빠져나가면 잇몸은 창백하거나 하얗게 나타난다.

쇼크 응급처치

반려견이 쇼크 상태로 의심되면 다음 순서대로 하세요:

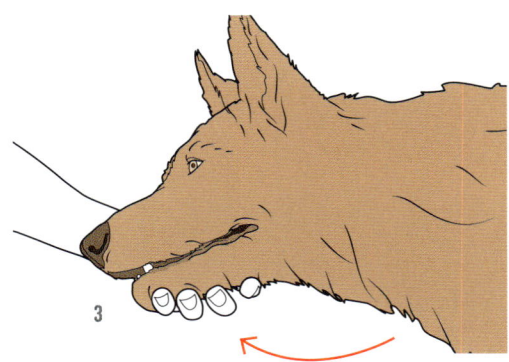
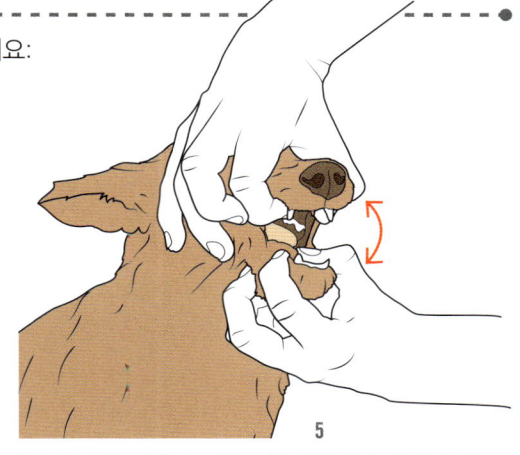

1 동물병원에 연락해서 반려견을 곧 데려갈 것임을 알리세요.

2 담요나 수건을 깔고 반려견을 옆으로 눕히세요.

3 머리를 펴고 기도를 확보하세요.

4 반려견 머리를 부드럽게 위로 기울입니다.

➕ 출혈 139 페이지

5 엄지와 다른 손가락으로 잇몸을 눌러서 입을 벌리세요.

6 기도를 막지 않도록 혀를 길게 빼내세요.

7 반려견 엉덩이 부위에 베개 또는 접은 수건을 넣어서 머리보다 더 높게 합니다.

8 출혈은 바로 지혈합니다(139 페이지 참조).

9 담요나 수건으로 감싸줍니다.

무기력하고 힘이 없음

NOTE:
반려견을 즉시 동물병원에 데려가세요.

질식

반려견이 숨이 막힌다면 더 큰 부상을 막기 위해 반려견이 움직이지 않도록 해야 합니다. 반려견 목 둘레에 숨이 막히게 하는 뭔가가 있다면 가위를 이용해서 조심스럽게 자르세요.

질식의 흔한 원인들

반려견은 먹어서는 안 되는 것을 잘 먹는다. 보호자가 없을 때 반려견이 무엇을 씹고 있었는지 항상 확인한다.

목줄과 반다나^{bandana}
목 둘레에 목줄과 반다나를 그대로 매는 것이 항상 좋은 것은 아니다. 리드줄을 너무 당기면 목이 잡히거나 너무 조일 수 있기 때문이다. 대신에 질식 위험을 낮추기 위해 머리 고삐^{헤드 홀터}나 하네스를 사용하는 것도 좋다.

뼈
부서지기 쉽고 여러 조각으로 잘게 쪼개지는 닭, 돼지, 칠면조 뼈는 절대 씹지 못하게 한다. 소와 양 뼈는 반려견에게 주어도 괜찮고 익힌 것보다 생뼈가 더 안전하다.

나뭇조각, 막대기, 천으로 된 장난감
막대기나 작은 나뭇가지를 반려견에게 주면 안 된다. 뾰족한 막대기를 물고 달리다가 상처를 입을 수 있을 뿐만 아니라 쪼개진 나뭇조각이 질식을 일으킬 수 있다.

전선과 케이블
전기 케이블을 씹으면 질식 위험 뿐만 아니라 감전을 일으킬 수도 있다.

막대기와 나뭇조각

끈

NOTE:
기관허탈은 노령견, 작은 견종, 비만견에게 호흡 장애의 흔한 원인이다. 징후에는 거위가 우는 듯한 소리의 만성적인 마른 기침, 실신 그리고 호흡곤란 등이 포함된다.

질식 121

아래: 질식은 목둘레 또는 입이나 목구멍에 걸린 물건 때문에 발생할 수 있다. 반려견이 토하려고 하거나 기침, 침 흘림 또는 얼굴에 발을 더고 문질러대면 숨이 막혀서 그런지 의심하 보자.

품

목줄과 초크목

기침

토하려고 함

침흘림 또는 개 거품

얼굴에 발을 댐

목구멍에 이물질이 걸려 있을 경우

반려견 목구멍에 무언가가 걸려 질식을 일으키고 있는지 알아보려면 다음 순서대로 하세요:

날카롭거나 목구멍 깊이 있는 이물질을 제거하지 말 것

1 반려견 입을 벌립니다.

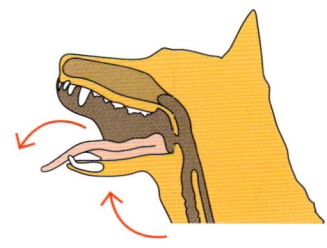

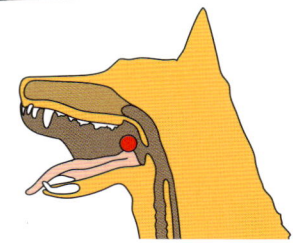

2 혀를 앞으로 당기고 입 안을 살펴봅니다.

3 질식을 일으키는 이물질이 목구멍 입구 가까이 있으면 커다란 핀셋으로 제거하세요.

4 목구멍 안쪽에 걸려있는 이물질이 보이긴 하지만 닿지 않을 경우, 또는 기도를 막고 있는 것이 보이지 않을 경우라면 반려견 입 속에 손가락을 넣지 마세요. 잘못하면 목구멍 더 깊숙이 이물질을 밀어 넣을 수 있으니까요.

5 만약 반려견 입 속에 공이 걸려있다면 바깥쪽에서 목구멍과 목을 눌러보세요.

6 기도에서 이물질을 빼낼 수 없다면 즉시 동물병원으로 데려가세요.

NOTE:
목구멍 안에서 이물질을 조각내지 마세요. 뾰족한 모서리가 더 큰 상처를 낼 수 있어요.

숨이 막힌 반려견 응급처치

반려견이 호흡 곤란을 겪고 있다면
하임리히법 Heimlich maneuver 을 시행하세요:

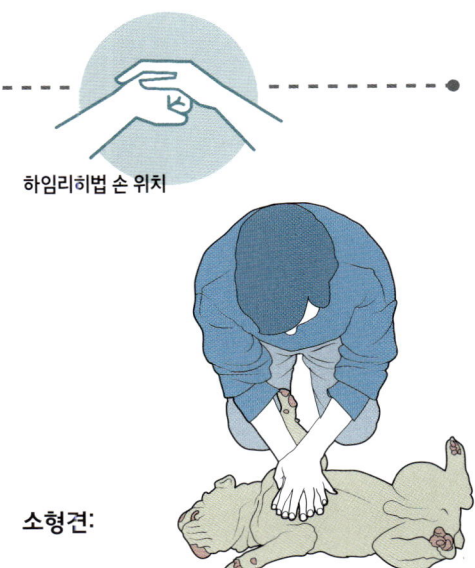

하임리히법 손 위치

대형견:

1. 서 있는 자세로 뒤에서 반려견을 잡습니다.

2. 반려견 배를 팔로 감싸고 양손을 모아 주먹을 만듭니다.

3. 갈비뼈 아래 부드럽고 움푹 들어간 지점을 찾습니다.

4. 갈비뼈 아래 움푹 들어간 복부 지점을 2, 3회 손으로 쑥 밀어 올립니다.

5. 반려견을 옆으로 눕히고 이물질이 있는지 입 안을 다시 한번 확인하세요.

6. 바로 효과가 없다면 하임리히법을 2, 3회 반복하세요.

소형견:

1. 배가 보이게끔 바닥에 눕히세요.

2. 갈비뼈 아래 부드럽고 움푹 들어간 지점을 찾으세요.

3. 가장 밑에 있는 갈비뼈 바로 아래 복부에 확실한 압박을 가하세요. 이 시도를 4, 5회 반복합니다.

4. 이물질이 있는지 입 안을 다시 확인하세요.

NOTE:
이렇게 해도 효과가 없다면 반려견의 심장박동을 확인하세요. 맥박이 잡히지 않으면 CPR(심폐소생술, 127 페이지)을 시작합니다. 질식을 일으킨 이물질을 겨우 제거했더라도 여전히 검사를 위해 동물병원에 데려가야 합니다. 질식으로 인해 반려견 기도가 손상을 입었을 수 있으니까요.

심폐소생술

반려견이 의식불명 상태에서 숨을 쉬지 않으면 심폐소생술을 실시해야 합니다.

심폐소생술은 정지된 심장과 호흡 활동을 다시 살리기 위한 응급처치법입니다. 심폐소생술을 시행하면 동물병원에 데려갈 때까지 생명을 유지할 시간을 벌어줄 수 있습니다. 동물병원으로 이송 중 가능하고 또 안전하게 시도할 수 있는 경우라면 전화를 걸어 수의사의 안내에 따라 심폐소생술을 시도해야 합니다.

위: 반려견이 의식이 없을 경우 옆으로 눕히고 기도가 막히지 않도록 혀를 밖으로 빼낸다(122 페이지 참조).

NOTE: 반려견이 의식이 없고 숨을 쉬지 않으면 즉시 동물병원에 연락해서 상의하세요.

가슴 모양

흉부 압박을 시도하기 전에 반려견 가슴의 모양을 파악하는 것이 매우 중요하다. 이 때는 반려견의 목과 복부 사이 부분을 보면 된다.

통가슴형 (BARREL-CHESTED)

통가슴형 견종
매우 둥근 흉곽을 가진 반려견은 가슴이 떡 벌어질 정도로 발달했다. 잉글리쉬 불독, 래브라도 리트리버, 로트 와일러, 세인트 버나드의 경우 가슴이 둥근 견종이다.

가슴이 내려온 견종

가슴이 내려온 견종
가슴이 팔꿈치에 닿거나 팔꿈치 너머까지 뻗어 나간다면 가슴이 내려온(deep-chested) 반려견이다. 이런 반려견은 통가슴형 견종보다 깊고 좁은 가슴을 갖고 있다. 이런 가슴을 가진 견종으로는 그레이하운드, 도베르만 핀처, 복서, 그레이트 데인즈가 있다.

위: 반려견이 숨을 쉬지 않으면 (나중에 다시 숨을 쉬더라도) 동물병원에 연락해서 가능한 빨리 데려 간다.

숨이 멈춘 후에도 몇 분 동안 반려견 심장이 계속 뛸 수 있습니다. 호흡이 멈춘 것을 확인하면 가능한 빨리 소생술을 시작하세요 (126 페이지). 심장이 멈출 때도 역시 흉부압박^{CPR}을 실시해야 합니다 (127 페이지).

반려견 사망 징후

반려견이 자고 있는지 아니면 숨을 거두었는지 확인하는 몇 가지 방법이 있다.

- 먹이가 준비된 것을 알리듯이 반려견 이름을 불러본다.
- 반려견이 숨을 쉬는지 확인한다 (126 페이지의 박스안에 있는 첫 번째 단계 참조).
- 눈이 떠져있고 동공이 확장되는지 확인한다. 사망했다면 눈은 뜨겠지만 동공이 빛에 반응하지 않는다.
- 맥박이 있는지 확인한다(62 페이지 참조).
- 사후경직 여부를 확인한다. 몸이 매우 뻣뻣하다면 숨을 거두었을 가능성이 높다.

NOTE:

반려견이 숨을 거두었다고 생각되면 동물병원에 전화하세요. 병원에서 반려견 사망을 확인할 것이고 무엇을 해야 할 지 조언해 줍니다.

심폐소생술: 호흡이 없을 때

반려견 호흡이 멈추었다면 다음 순서대로 하세요:

1 깃털이나 모피 조각처럼 가벼운 것을 콧구멍 앞에 두어 움직임이 있는지를 보고 호흡 여부를 확인하세요.

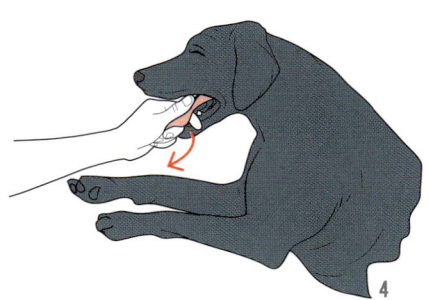

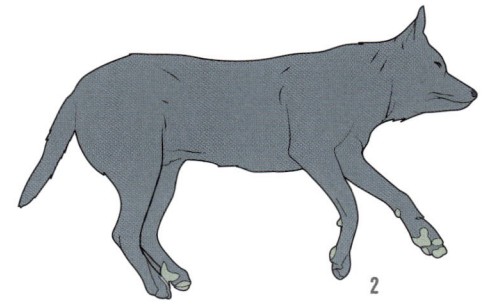

2 확실히 숨을 쉬지 않는다면 반려견을 옆으로 눕히세요.

3 반려견 머리는 앞을 향하게끔 합니다.

4 반려견 입을 벌리고 혀를 앞으로 당깁니다.

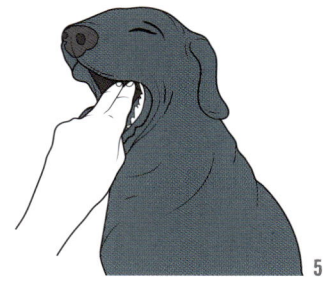

5 입 속에 이물질이나 피와 같은 호흡에 방해되는 것이 있는지 확인합니다.

6 가급적 손을 깨끗이 한 후 입 속에서 방해물을 빼내세요.

NOTE: 소생술을 시도한 후 즉시 동물병원에 데려가세요.

7 방해물을 제거했지만 여전히 숨을 쉬지 않으면 다음 순서대로 합니다:

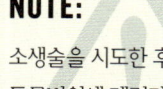

1 반려견 입이 벌어지지 않도록 잡는다

2 분당 10회 반려견 콧속으로 숨을 불어넣는다

질식 122 페이지

심폐소생술: CPR 시행하기

앞의 **7**번 단계 후에도 숨을 쉬지 않는 경우 다음 순서대로 하세요:

소형견:

1 한 손바닥을 반려견 심장 위에 두고 그 위에 다른 손을 올립니다 (심장 위치는 12 페이지 해부학적 구조 참조).

2 초당 약 2회 압박 속도로 반려견 가슴을 강하고 민첩하게 누릅니다.

3 흉부압박 30회마다 반려견 코에 2회씩 숨을 불어 넣습니다. 반려견이 다시 숨을 쉴 때까지 3분 동안 계속하세요. 이 시간이 경과한 후에도 호흡을 재개하지 않으면 회복 가능성이 낮습니다.

내려온 가슴형:

1 한 손바닥을 가슴에서 가장 넓은 부위에 대고 다른 손을 그 위에 올립니다.

2 초당 약 2회 압박 속도로 반려견 가슴을 강하고 민첩하게 누릅니다.

3 흉부압박 30회마다 반려견 코에 2회씩 숨을 불어 넣습니다. 반려견이 다시 숨을 쉴 때까지 3분 동안 계속하세요. 이 시간이 경과한 후에도 호흡을 재개하지 않으면 회복 가능성이 낮습니다.

통가슴형:

1 반려견 등이 보이게 눕히세요.

2 한 손바닥을 가슴에서 가장 넓은 부위에 대고 다른 손을 그 위에 올립니다.

3 초당 약 2회 압박 속도로 반려견 가슴을 강하고 민첩하게 누릅니다.

4 흉부압박 30회마다 반려견 코에 2회씩 숨을 불어 넣습니다. 반려견이 다시 숨을 쉴 때까지 3분 동안 계속하세요. 이 시간이 경과한 후에도 호흡을 재개하지 않으면 회복 가능성이 낮습니다.

골절

반려견 뼈가 부러진 것으로 의심되더라도 직접 부목이나 붕대를 감으려고 하지 마세요. 이렇게 하면 반려견이 더 고통스러워 하고 부상이 악화될 수 있습니다.

반려견에게 흔한 골절 부위는 다리, 턱, 갈비뼈, 꼬리, 골반 등이 있습니다. 골절 징후로는 환부를 움직이지 못하거나 환부 위로 체중을 지탱하지 못하는 것, 해당 부위에 통증, 부종, 염좌, 출혈 등이 있습니다. 갈비뼈 골절의 경우 호흡곤란이 올 수도 있고 턱뼈 골절의 경우에는 침을 흘리거나 치아가 부러질 수 있습니다.

흔한 골절 부위

꼬리 시작 부위 · 골반 · 갈비뼈 · 턱 · 꼬리 끝 · 다리 · 장골(長骨)

흔한 골절 부위

위: 반려견에게 가장 흔한 골절 부위는 앞다리, 뒷다리에 있는 장골long bone이다. 동물병원으로 이동할 때 다친 부위를 잘 받쳐주어야 한다.

상처가 벌어지거나 피부가 찢어진 개방골절의 경우 깨끗한 수건, 거즈, 천으로 최선을 다해 지혈하고 가능하면 상처에 거즈 드레싱을 하세요. 상처를 씻으려 하면 안됩니다.

NOTE:

반려견을 즉시 동물병원에 데려가세요. 반려견을 이송할 때 상처 부위를 잘 받치도록 하세요. 반려견이 쇼크 상태에 빠졌다고 생각되면 119 페이지에 나오는 단계대로 하세요.

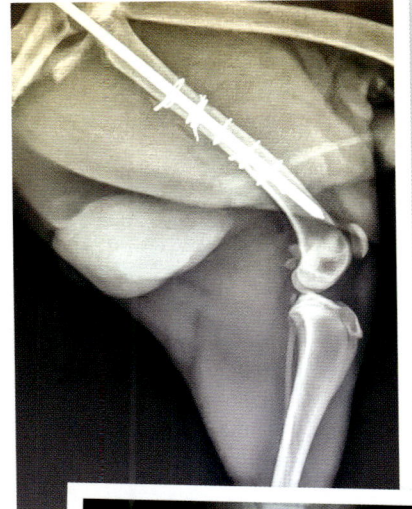

꼬리뼈 골절

사고로 인해 반려견 꼬리뼈가 골절되거나 탈구될 수 있다.

- 꼬리 끝 근처에 상처를 입었다면 아무런 치료 없이 저절로 나을 수 있다.
- 만일 꼬리가 으스러진 경우라면 수의사는 꼬리 끝부분을 절단하기로 결정할 수 있다.
- 꼬리 시작 부위의 근처 뼈에 부상을 입었다면 즉시 동물병원에 데려가야 한다.
- 꼬리가 힘없이 매달려 있다면 신경 손상의 우려가 있다. 배변 시에 꼬리를 흔들지 않거나 들어 올리지 않으면 동물병원에 데려간다.

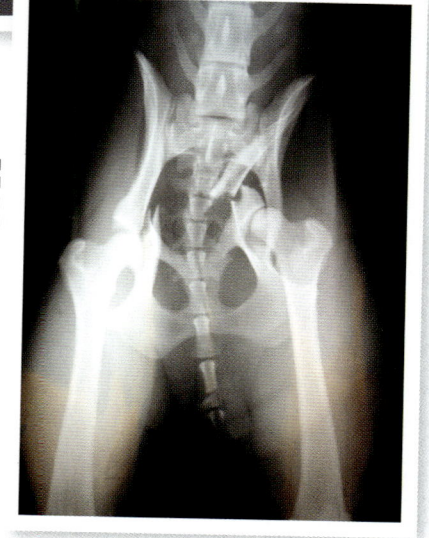

위: 외상은 장골, 엉덩이, 꼬리 시작 부위의 다발성 골절을 유발할 수 있으며 동물병원의 X선 검사장비를 통해 정확히 진단할 수 있다.

➕ 외상 140 페이지
➕ 꼬리 부상 143 페이지
➕ 출혈 139 페이지
➕ 쇼크 응급처치 119 페이지

열사병

열사병에 걸린 반려견은 힘이 없고 침 흘림, 헐떡거림, 정신착란, 고통, 쓰러짐 등과 같은 징후를 보일 수 있습니다.

반려견이 자신의 체력적인 한계를 잘 인지하지 못할 수 있습니다. 보호자와 보조를 맞추는 정도의 건강한 활동에 만족하지 않고, 반려견은 한계상황을 넘어 자신을 밀어붙일 수 있습니다. 반려견이 열사병에 걸린 것으로 생각되면 시원한 지역으로 옮기고 직장 체온계로 체온을 재도록 하세요 (63 페이지 지침 참조).

체온계가 섭씨 39.5도 이상을 가리키면 반려견이 고열 상태입니다.

아래: 반려견에게 열사병 징후가 보이면 동물병원에 연락하고 서서히 몸을 식히는 단계를 진행한다.

체온 낮추기

반려견 체온을 낮추려면 다음 순서대로 하세요:

1 시원한 물을 털 위에 뿌려주세요 (차가운 물, 얼음은 안돼요).

2 선풍기가 있다면 켜 주세요.

3 체온을 너무 잃어서 정상 체온 범위 아래로 떨어지지 않도록 반려견 체온을 모니터링 하세요. 정상 체온 범위는 38도에서 39도 사이입니다.

NOTE:
반려견 상태가 호전되는 징후가 없거나 체온이 40도가 넘으면 즉시 동물병원에 데려가세요.

- 발바닥을 물로 적신다 (밖에서는 하천, 수영장 물을 사용한다)
- 시원하게 젖은 천을 겨드랑이, 목, 뒷다리 사이에 대준다
- 반려견 치료를 준비할 수 있도록 수의사에게 연락한다
- 반려견이 의식이 있으면 물을 준다. 폐로 물이 들어갈 수도 있으니 입 속에 억지로 물을 넣지 않는다. 물을 마시지 않으면 물로 혀를 적셔준다

농양

다른 반려견이나 고양이에게 물리거나 긁혀서 상처가 생기면 고름이 가득 찬 덩어리인 농양종기이 생길 수 있습니다.

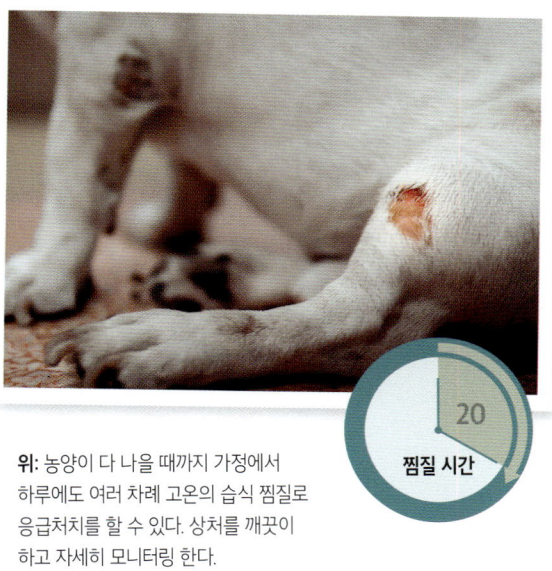

위: 농양이 다 나을 때까지 가정에서 하루에도 여러 차례 고온의 습식 찜질로 응급처치를 할 수 있다. 상처를 깨끗이 하고 자세히 모니터링 한다.

농양 징후

반려견 상처가 감염된 것으로 보이면 동물병원에 데려가라. 상처가 감염된 징후는 다음과 같다:

- 부종
- 발열
- 고름과 같은 분비물
- 농양

➕ 경미한 상처 소독과 드레싱 80 페이지

찜질하기

반려견에게 농양이 있다고 생각되면 다음 순서대로 하세요:

1 끝이 무딘 가위로 농양 주변 털을 잘라내고 고름 배출을 위해 고온의 습식 찜질을 합니다.

2 가능한 20분 정도 찜질을 합니다.

3 농양이 완전히 빠질 때까지 하루에 2, 3회씩 이 과정을 진행합니다.

4 찜질이 끝나면 상처 부위를 소독하세요 (80 페이지).

NOTE:
농양이 악화되거나 3일 이내 호전되지 않으면 동물병원에 데려가세요.

화상

심각한 화상 또는 조금 데인 상처를 검사하기 전에 화재를 진압하고 전기 장치의 플러그를 뽑아 주위가 안전한지 확인하세요.

반려견이 화상을 입으면 고통스러워 하므로 천천히 조심스럽게 접근합니다. 화상의 징후는 털이 그을리고 없어진 부위가 보이거나 붉고 검은색, 흰색의 상처과 물집 등이 있습니다.

화상 분류
다음 설명을 통해 반려견이 입은 화상의 유형을 구분하세요.

중증도 수준
1도 화상: 털을 좀 잃긴 했지만 피부는 온전합니다. 피부가 빨갛게 되고 반려견도 어느 정도는 아플 거에요. 화상 정도가 분명해지려면 며칠 걸릴 수 있습니다.

2도 화상: 피부가 빨갛게 될 뿐만 아니라 물집이 보이는데 피부가 한 층 이상 손상되었음을 뜻합니다. 반려견은 고통을 느낄 거예요.

위: 그을린 수염과 털은 화상을 입었다는 확실한 징후이다. 화상 원인을 밝히는데 주력하고 반려견은 동물병원에 데려간다.

3도 화상: 화상을 입은 피부 주변이 검게 나타날 수 있어요. 피부 아래 조직에 손상이 있다는 뜻입니다.

화상의 유형
화학적 화상: 상처가 보이기까지 몇 시간이 걸릴 수 있고 대개는 피부에 하얗게 나타납니다.

열화상 또는 전기 화상: 일반적으로 즉시 분명해지고 피부가 검게 변합니다.

NOTE:
반려견이 2도, 3도 화상을 입으면 쇼크 상태에 빠질 수 있고 감염 위험에 처할 수 있음을 유의하세요.

➕ 쇼크 응급처치　119 페이지

화상 응급처치

화학적 화상, 열화상, 전기 화상에 대한 구분과 치료법

화학적 화상

반려견이 화학적 화상을 입은 경우 다음 순서대로 하세요:
- 보호자는 필요한 경우 장갑이나 다른 보호복을 착용해서 화학물질로 인한 피해를 막으세요.
- 20분 동안 시원한 물로 상처를 씻어냅니다. 만일 기름 성분의 화학물질이라면 소량의 세제를 추가하고 이후에는 물로만 씻어냅니다. 시원한 물에 반려견을 담그거나 젖은 천을 환부에 대고 천 위에 물을 부어도 됩니다.
- 입이나 눈에 화상을 입었다면 20분 동안 그 부위를 물로 씻어내야 합니다.

1도 화상:
- 화상을 입은 지 20분 후 깨끗한 천으로 환부를 부드럽게 두드려 말립니다.
- 환부를 문지르거나 연고 또는 버터를 바르지 마세요.
- 반려견을 동물병원에 데려가세요.

2도, 3도 화상:
- 젖은 천을 환부에 올려 두세요.
- 반려견을 동물병원에 데려가세요.
- 원인이 된 화학약품 용기가 있으면 가져가세요.

열화상 또는 전기 화상

반려견이 열화상 또는 전기 화상을 입으면 다음 순서대로 하세요:

- 20분 동안 시원한 물로 환부를 씻어냅니다. 시원한 물이 화상 부위를 담그거나 젖은 천을 환부에 대고 천 위에 물을 부어도 됩니다.

1도 화상:
- 20분 후 깨끗한 천으로 환부를 부드럽게 두드려 말립니다.
- 환부를 문지르거나 연고 또는 버터를 바르지 마세요.
- 반려견을 동물병원에 데려가세요.

2도, 3도 화상:
- 젖은 천을 환부에 올려 두세요.
- 반려견을 동물병원에 데려가세요.

반려견이 화학물질을 밟았을 경우 일부를 먹었을 지 모르니 입을 확인한다

NOTE:
시원한 물로 20분 동안 화상 부위를 씻어내는 것이 매우 중요합니다. 시원한 물이 피부 온도를 낮춰주고 화상 악화를 막아 줍니다. 또한, 상처를 깨끗이 하고 감염을 예방하여 최선의 치료결과를 얻는데 도움을 줍니다.

20 물로 씻는 시간

보호용 라텍스 장갑을 착용한다

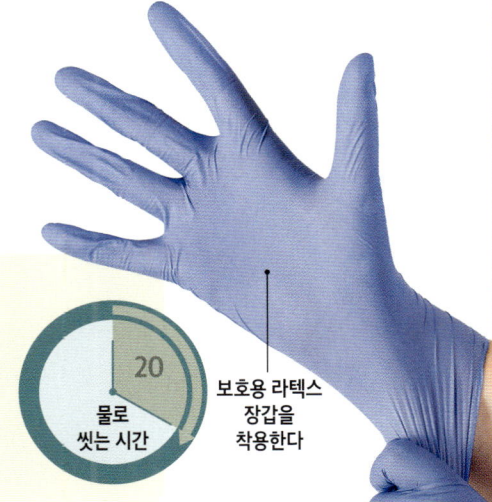

물리고 쏘였을 때

반려견이 벌레에 쏘였다고 의심되면 피부가 빨게 지거나, 붓거나, 가려움증이 있는지 살펴보세요. 어떤 경우에는 반려견이 기절한 것처럼 보일 수도 있어요.

반려견은 호기심이 많은 동물이고 입으로 세상을 탐험하기 좋아합니다. 하지만 반려견이 집 밖을 돌아다닐 때 벌레에 쏘이거나 물리는 것을 막을 방법이 그리 많지 않습니다. 최선의 치료를 위해 어떤 동물이 반려견을 쏘거나 물었는지 알아야 합니다.

아래: 반려견이 벌에 쏘였을 경우 알레르기 반응으로 괴로워 할 경우를 대비해서 계속 예의주시한다 (135 페이지 참조).

뱀에 물림

- 뱀이 반려견을 무는 것을 목격하였고 보호자가 안전한 상황이라면 어떤 뱀인지 알아보고 뱀 사진을 찍어서 수의사에게 보이도록 한다.
- 반려견 상처 부위를 만지지 말 것.
- 상처에 얼음을 대거나 독기를 빼려 하지 말고 곧바로 동물병원에 데려간다.

쏘였을 때 응급처치

반려견이 쇼크 상태라고 생각되면 119 페이지를 보세요.
쇼크가 아니라면 다음 순서대로 하세요:

1 쏘인 부위가 어디인지 고려하세요. 쏘인 부위가 입이나 목구멍이라면 쏘인 곳이 부어올라 빠르게 호흡곤란을 일으킬 수 있습니다. 이 경우에는 즉시 동물병원에 연락하세요.

2 침이 보이면, 우선 침과 독주머니를 구분해야 합니다. 이렇게 하려면 돋보기가 필요할 수 있습니다. 핀셋을 이용해서 침을 붙잡되 독주머니를 건드리지 말고 침을 뽑아내세요. 독주머니를 건드리면 반려견에게 독이 더 퍼지게 될 것입니다.

3 일단 침을 제거했으면 붓기가 가라앉도록 냉찜질을 합니다.

4 뽑아낸 침이 벌침으로 생각되면 베이킹 소다와 물로 반죽을 만들어 쏘인 부위에 발라줍니다. 이렇게 하면 독을 중화시키는데 도움이 됩니다. 만일 말벌에 쏘인 것으로 의심되면 희석한 식초나 레몬 주스를 사용합니다.

5 침에 쏘인 반려견이 알레르기 반응으로 괴로워하지 않는지 잘 관찰하세요. 알레르기 반응을 일으키면 목구멍이 붓고 호흡이 곤란하며 구토하고 의식을 잃고 쓰러집니다. 이러한 징후가 보이면 응급상황으로 간주하고 즉시 동물병원에 연락해야 합니다.

NOTE:
반려견에게 사람용으로 나온 약을 투약하지 마세요. 약물치료가 필요하다고 생각되면 수의사에게 반려견을 보이도록 하세요.

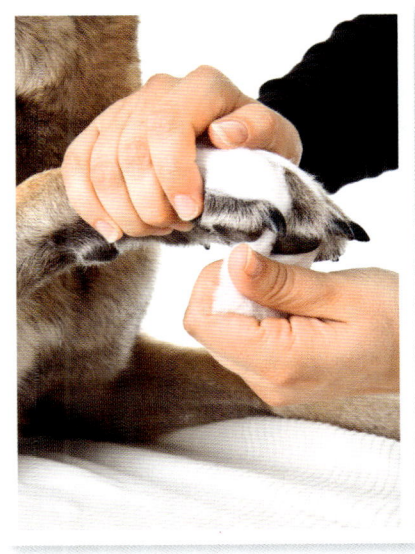

위, 아래: 벌침은 가정에서 응급처치를 할 수도 있지 만 정확히 어디에 쏘였는지 주목해야 한다. 특정 부위에 쏘인 경우는 좀 더 위험할 수도 있다.

베이킹 소다

희석한 식초 또는 레몬 주스

쇼크 응급처치 119 페이지

싸움으로 인한 상처

다른 개나 고양이에게 물리거나 할퀴었을 때는 항생제 투약이 필요할 수 있으니 동물병원에 데려 갑니다.

싸움 예방

싸움으로 인한 상처를 예방하는 가장 좋은 방법은 공격성향이 있는 다른 동물을 멀리하고 다른 동물을 공격하지 않도록 훈련을 시키는 것입니다. 많은 경우 농양은 자주 다른 반려견에게 물린 상처로 인해 발생합니다.
흔한 경우는 아니지만 날카로운 물체에 찔려서 농양이 생기기도 합니다 (131 페이지). 가정에서 날카로운 물체는 테이블 위에 두지 말고 키우는 반려동물이 두 마리 이상이면 서로의 관계를 잘 관찰하세요.

NOTE:
반려견에게 물려 피부가 찢어지면 즉시 상처를 소독하고 동물병원에서 치료를 받아야 합니다.

아래: 반려견 침은 박테리아의 온상이다. 물린 상처를 소독하고 항생제 처방을 위해 동물병원에 데려간다.

싸움으로 인한 상처 137

어린 강아지가 지나치게 흥분하고 물려고 하거나 으르렁거리면 놀이를 멈추고 조용한 방에 둔다

보호자의 손과 발을 공격하면 나쁜 행동이 되기 전에 반려견의 관심을 돌리도록 장난감을 제공한다

놀이가 점점 공격적으로 변해가면 손뼉을 치거나 반려견들 사이에 장애물을 두어 서로 떼어 놓는다. 반려견이 소심하다면 너무 겁먹지 않도록 주의한다

서로 어울려서 노는 것은 긍정적인 효과가 있다. 다른 반려견에 대한 공격성이 줄어들고 싸움을 하게 될 우려를 줄인다.

위: : 어울려 노는 것은 어린 강아지에게 자연스러운 것이지만 나이가 들면서 공격적인 싸움으로 발전할 수 있으며 결국 한 마리가 지배적인 위치로 우위에 서게 된다. 이런 상황이 되면 이전에 어울릴 때처럼 서로 교대로 쫓고 쫓기는 역할을 하지 않는다.

사회성 결핍 또는 다른 반려견에 대한 공격성 (공격하면 자신도 다치게 될 가능성이 높음)을 예방하려면 가능한 어릴 때 다른 반려견과 즐거운 사회적 경험을 갖도록 해주세요. 또한, 좋은 행동을 이끌어 내기 위해서는 적절한 훈련이 필요하며, 매일 반복된 훈련을 통해 배운 것을 강화시키는 것이 중요합니다.

다양한 사회성 활동에 안전하게 노출시키되 급하게 서두르지 마세요. 일주일에 하나씩 새로운 활동에 도전하거나 새로운 산책길을 시도해 보세요. 이것으로 충분합니다. 처음에는 리드줄과 입마개를 채우거나 다른 개들이 있는 주변에만 있도록 해서,

처음부터 적극적으로 어울리기 보다는 관찰자로 있게 하는 것도 도움이 됩니다. 사회성이 없는 반려견을 공원에 풀어 놓고 그냥 잘되기를 바라기 보다는 울타리 바깥을 걸으며 다른 반려견들이 어떻게 교제하는지 멀리서 관찰하도록 하는 것이 좋습니다.

- 쇼크 응급처치 119 페이지
- 농양 131 페이지
- 경미한 상처 소독과 드레싱 80 페이지

NOTE:
반려견이 쇼크 상태에 빠졌다면 119 페이지를 참조하세요.

싸움으로 인한 상처 응급처치

반려견이 피를 흘리면 다음 페이지에 나오는 방법대로 하세요. 상처가 경미하다면 상처를 소독하고 드레싱을 하세요 (80, 81 페이지). 상처가 깊으면 동물병원으로 데려가세요.

다른 상처가 있는지 확인하세요. 다른 반려견이나 고양이에게 물린 것으로 보이는 상처가 있으면 대개 그 근처에 두 번째 물린 상처가 있습니다. 물린 상처는 겉에 보이는 것보다 더 깊을 수 있으므로 물린 상처가 있는 반려견은 항상 동물병원에 데려가는 것을 권장합니다.

상처가 감염된 징후

상처의 감염 징후는 다음과 같다:
- 부종
- 발열 징후
- 고름과 같은 분비물
- 농양

NOTE:

반려견에게 사람용 약물이나 크림을 사용하지 마세요. 반려견 상처가 감염된 것으로 보이면 동물병원에 데려가세요.

➕ 쇼크 응급처치 119 페이지
➕ 경미한 상처 소독과 드레싱 80 페이지

아래: 고양이에게 물린 상처는 감염 위험이 높다. 이런 상처는 항상 동물병원에서 치료받아야 한다.

반려견이 피를 흘리면

혈액 손실을 막기 위해 다음 순서대로 하세요:

1 깨끗한 수건 또는 거즈로 상처 부위를 압박하세요.

2 10분 동안 압박을 유지합니다.

3 거즈가 피에 흠뻑 젖으면 그 위에 한 겹 더 올리세요. 혈액 응고가 잘 안 될 수 있으니 처음 거즈를 제거하지 마세요.

4 다리나 꼬리에 상처가 있으면 거즈를 고정하기 위해 상처 부위를 붕대로 감으세요.

5 반려견을 옆으로 눕히세요.

6 상처가 발끝이라면 상처 부위를 들어서 피의 흐름을 제한하세요.

NOTE:
10분이 지나도 지혈이 되지 않으면 동물병원에 데려갑니다.

기준 지혈 시간

붕대로 감쌀 때

- 출혈이 심할 경우 반려견이 쇼크 상태에 빠졌는지 확인하고 그에 맞춰 처치한다 (119페이지).

- 출혈이 다리 중간 부위처럼 치료하기 쉬운 위치에 있다면 패딩을 대고 붕대로 감아 고정시킨다. 얼굴에서 피가 흐르는 경우처럼 붕대로 고정시키는 것이 불가능할 경우에는 패딩을 출혈 부위에 대고 꾹 누른다.

- 부종, 악취, 분비물, 발적 현상 등이 보이면 동물병원에 데려간다.

압박 유지 시간

오른쪽: 피가 첫 번째 거즈를 흠뻑 적시면 그 거즈를 제거하지 말고 그 위에 한 겹 더 붙이는 것이 지혈에 도움이 될 것이다.

교통사고 혹은 기타 외상

교통 사고나 추락과 같은 외상을 입었다면 즉시 동물병원에 데려가야 합니다.

미리 전화해서 상황을 설명하고 지금 병원으로 가는 중이라고 알리세요. 수의사는 반려견을 위해 최선의 현장 조치법 안내해 줄 거예요.

사고 후 반려견 검사

사고 현장 접근
- 반려견이 도로 교통사고 현장에 있으면 도로에 들어가기 전에 안전한지 확인해야 합니다. 보호자가 다치면 자신이 치료를 받아야 하는 상황이 되므로 침착함을 유지하고 조심스럽게 현장에 접근하는 것이 보호자와 반려견 모두에게 좋습니다.

반려견 이송
- 반려견을 안전한 곳으로 이동시킬 필요가 있으면 가능한 움직임을 최소화하면서 매우 조심스럽게 이동하세요. 반려견 머리와 척추가 움직이지 않도록 조심하면서 나무판과 같이 단단하고 평평한 표면의 들것에 밀어 넣으세요. 반려견이 작으면 두꺼운 골판지에 밀어 넣으세요.

- 외상은 갈비뼈를 부러뜨려 반려견 폐에 구멍을 낼 수 있으니 반려견을 다룰 때 매우 조심해야 합니다.

- 가능하면 동물병원 이송 중에 반려견을 잡아 줄 수 있는 다른 사람과 동행하세요.

최초 응급처치
- 사망여부 혹은 의식이 없는지 여부를 판별하기 위해 반려견 왼쪽 다리 안쪽 가슴에 손을 대고 심장박동 여부를 확인하세요. 의식불명 상태의 반려견은 반사적으로 "경련"을 보이고 눈이 감겨 있습니다.

위: 반려견과 산책을 나갈 때, 특히 위험한 지형이 근처에 있다면 항상 리드줄을 해야 한다.

- 심각한 출혈을 막기위해 조치를 취하거나 다른 상처가 있는지 알아보는 단계 이전에 호흡을 먼저 확인하세요. 반려견이 숨을 쉬지 않는다고 생각 되면 126 페이지의 심폐소생술 단계를 시행하세요. 심폐소생술 시도 후 즉시 동물병원에 데려가세요.

- 이제 출혈을 살피고 거즈나 깨끗한 천으로 심각한 출혈이 있는 상처를 압박하세요. 가능하면 동물병원에 도착할 때까지 이 압박을 유지하세요.

- 찔린 상처가 확실히 보이거나 뼈가 부러져서 피부를 뚫고 나온 경우 감염을 막기 위해 멸균 거즈 또는 천으로 상처를 덮습니다. 부러진 뼈에 부목을 대지 마세요. 골절에 대한 좀 더 자세한 정보는 128 페이지를 참조하세요.

위: 반려견이 교통사고를 당했는데 여전히 도로에 있다면 반려견에게 접근하기 전에 행인들에게 차를 멈추어 달라고 부탁한다.

NOTE:

심폐소성술 시도 후 즉시 동물병원에 데려가세요. 반려견이 쇼크 상태라고 생각되면 119 페이지에 나오는 절차대로 진행하세요. 교통사고, 추락, 다른 기타 사고로 외상을 입었다면 즉시 동물병원에 데려가세요. 반려견이 겉보기에 멀쩡해 보여도 외상으로 인해 보이지 않는 손상을 입었을 수 있습니다.

➕ 골절   128 페이지
➕ 심폐소생술: 숨을 안 쉴 때   126 페이지
➕ 부상/마비된 반려견 옮기기   159 페이지
➕ 경미한 상처 소독과 드레싱   80 페이지
➕ 들 것 사용하기   78 페이지

두부 외상

두부 외상을 입었다고 생각되면 반려견 호흡을 먼저 확인하세요.

1 반려견이 숨을 쉬지 않으면 소생술을 시작합니다(126 페이지).

2 다음으로 눈, 코, 입에 출혈이 있는지 확인하세요. 눈이나 머리와 얼굴에서 관찰되는 다른 상처에서 피가 흐르면 지혈을 위해 거즈나 깨끗한 천으로 압박하세요 (139 페이지).

3 눈에 보이는 부상 징후가 없더라도 두부 외상을 입었다면 즉시 동물병원에 데려가세요. 두부 외상은 반려견 뇌에 영향을 미치고 치명적일 수 있습니다.

NOTE:
반려견의 코나 입에서 피가 흐르면 지혈하려고 하지 말고 동물병원에 데려가는 일에 집중하세요.

⊕ 심폐소생술 : 숨을 안 쉴 때 126 페이지
⊕ 출혈 139 페이지

아래: 머리에 타격을 입었다면 의료장비로 철저하게 검사를 받을 수 있도록 동물병원에 데려간다.

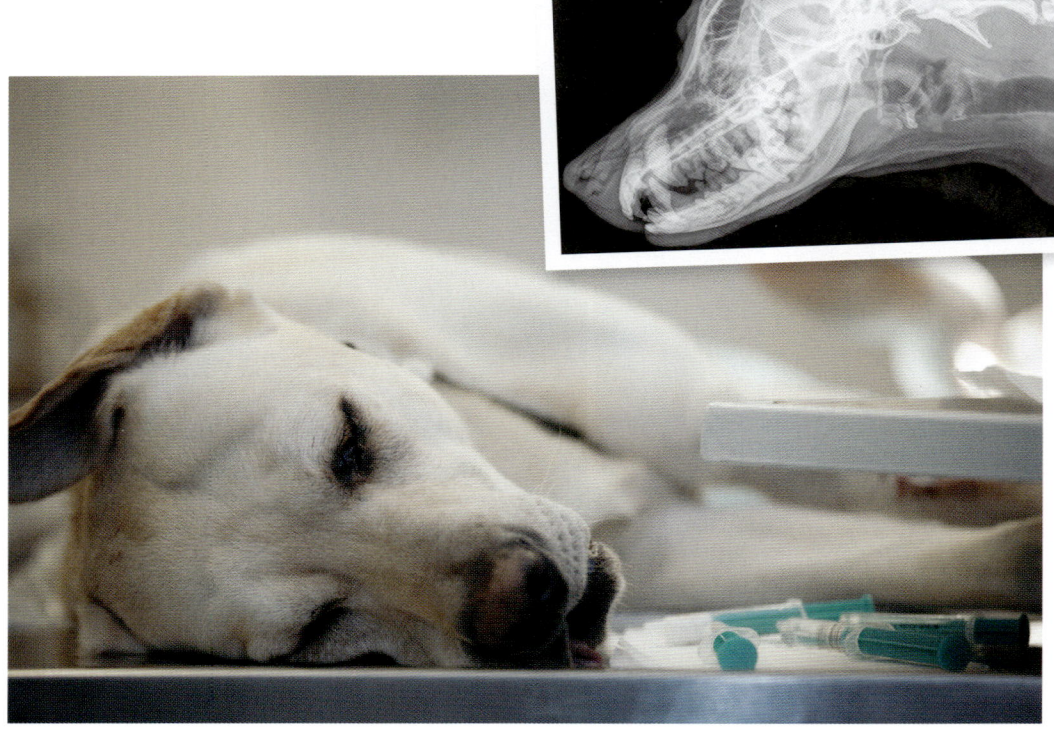

꼬리 부상

반려견이 꼬리를 움직이지 않거나 평소와 다르게 보이면 꼬리에 부상이 있을 수 있습니다.

- 꼬리에 심한 열상^{찢어진 상처}을 입었다면 깨끗한 수건으로 꼬리를 감싸고 동물병원에 데려가세요. 이런 경우 감염 우려가 있으므로 전문가에게 상처 치료를 받아야 합니다. 수의사는 고통을 경감시킬 수 있는 조치를 취해줄 것입니다.

- 긁히거나 자상^{베인 상처}을 입어 피부가 노출되었다면 깨끗한 수건이나 거즈로 압박하여 지혈하세요 (139 페이지).

- 일단 지혈이 되면 상처를 소독하고 (80 페이지) 꼬리를 붕대로 가볍게 감으세요 (81 페이지). 붕대를 너무 꽉 감지 마세요. 지나치게 피가 나거나 부어 오를 경우, 또는 10분이 지나도 지혈이 되지 않거나 피부색이 변하면 동물병원에 데려가세요.

- 꼬리가 세게 당겨졌거나 골절되어 힘없이 매달려 있으면 신경이 손상되었을 수 있습니다. 배변할 때 꼬리를 움직이지 않거나 들지 않으면 동물병원에 데려가세요.

위: 일반적인 꼬리 부상은 찰과상^{긁힘}, 자상, 열상 / 농양 / 골절 및 절단 / 신경 손상의 4 가지 범주로 나뉠 수 있다.

상처가 감염된 징후

반려견 상처가 감염된 것으로 보이면 (131 페이지 참조), 동물병원에 데려간다.

- 부종
- 고름과 같은 분비물
- 발열 징후
- 농양

NOTE:
10분이 지나도 지혈이 되지 않으면 동물병원에 데려가세요.

기준 지혈 시간

- 찔린 상처   136 페이지
- 농양   131 페이지
- 골절   128 페이지
- 경미한 상처 소독과 드레싱   80 페이지
- 출혈   139 페이지

발의 상처

절뚝거리고 낑낑거리거나 발을 지나치게 핥는다면 아마 발에 상처를 입었을 것입니다. 다친 발은 지면과 정기적으로 접촉하므로 반려견이 걷는데 고통스럽고 감염될 가능성이 높습니다.

1 물이나 생리식염수(84 페이지)로 발을 씻어내고 자세히 살핍니다. 발바닥에 가시, 작은 유리 조각, 외부 이물질이 보이면, 그리고 깊이 박혀 있지는 않고 쉽게 꺼낼 수 있으면 핀셋으로 제거할 수 있습니다. 이물질을 확실히 제거했다면 그 부위를 세척하고 발을 붕대로 감싸줍니다 (80, 81 페이지).

2 이물질이 크거나 발에 깊이 박혀 있는 것으로 보이면 제거하려고 하지 마세요. 이런 경우 깨끗한 천이나 거즈로 상처를 덮고 동물병원에 데려가세요.

NOTE:
10분이 지나도 피가 멈추지 않으면 동물병원에 데려가세요.

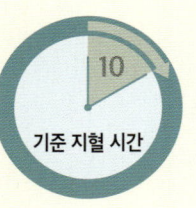
기준 지혈 시간

3 발바닥에 출혈이 있으면 깨끗한 수건이나 거즈로 상처를 압박합니다. 피가 수건이나 거즈에 스며들면 그 위에 한 겹 더 붙이되 처음 붙여 둔 것을 제거하지 마세요. 10분 정도 지나도 지혈이 되지 않으면 동물병원에 데려가세요.

4 일단 지혈이 되면 상처를 붕대로 감싸세요. 붕대가 고정되도록 발 전체를 감싸도록 합니다.

아래: 하루에 두 번 15분씩 아이스 팩으로 반려견 발을 찜질하거나 시원한 물에 발을 담가 붓기를 줄인다.

1일 2회 찜질 시간

➕ 경미한 상처 소독과 드레싱 80 페이지

5 뚜렷한 상처는 없지만 반려견 발이 부어오를 경우 하루에 두 번 15분간 아이스 팩으로 얼음 찜질을 해줍니다. 이 때 피부와 아이스 팩 사이에 거즈를 한 겹 대어 얼음 화상을 입지 않도록 합니다. 시원한 물이 담긴 통에 발을 넣어두는 것도 치유에 도움이 됩니다. 이틀이 지나도 붓기가 빠지지 않으면 동물병원에 데려가세요.

6 반려견 발에 농양이 있을 경우 온찜질을 하거나 따뜻한 생리식염수에 발을 담그세요 (84 페이지 참조). 만일 농양이 터지면 동물병원에 데려갑니다.

위: 발바닥 상처는 고통스럽다. 반려견이 발바닥 상처를 핥으려고 하면 감염을 막기 위해 넥카라를 사용할 필요가 있다.

7 반려견이 발을 다쳤으면 많이 걷지 못하도록 하고 상처가 치료될 시간을 주기 위해 다른 동물과 떨어지게 하는 것이 좋습니다. 붕대는 건조하게 유지하면서 기본적으로 매일 갈아주고 (88 페이지 참조) 발에 어떤 변화가 있는지, 예를 들어 부종, 불쾌한 악취, 축축한 분비물, 피부색 변화 등이 있는지 확인하세요. 어떤 변화가 눈에 띄면 발이 감염되었거나 혈액 공급이 충분하지 않은 상태일 수 있습니다.

8 발에서 출혈이 계속되거나 몇 시간이 지나도 상처가 벌어진 상태라면 동물병원에 데려가세요. 상처가 감염된 것으로 보여도 동물병원에 데려가야 합니다 (131 페이지 참조).

비뇨기 문제

반려견의 배뇨 습관과 행동이 변한다면 심각한 건강상의 문제를 의심해 볼 수 있습니다. 배뇨와 관련된 어떤 문제가 보이자마자 진단과 치료가 최우선으로 고려되어야 합니다.

배뇨에 어려움이 있고, 소변을 볼 때 아파 보이고, 자주 소변을 보러 나가고, 소변에 피가 보이고, 소변량이 많지 않거나 생식기 부위를 자주 핥으면 비뇨기 문제일 수 있습니다.

반려견에게 영향을 줄 수 있는 다양한 비뇨기 문제가 있는데 어떤 것은 치명적일 수 있습니다.

반려견 비뇨기 문제

- 소변을 볼 때 문제가 있는가??
- 소변을 볼 때 아파하는 것 같은가?
- 밖으로 나가자고 자주 보채는가?
- 소변에 피가 보이는가?
- 소변량이 줄었는가?
- 생식기 부위를 자주 핥는가?
- 위 질문 중 하나라도 맞으면 비뇨기 문제일 수 있다.

NOTE:
위에 열거된 징후 중 어떤 것이라도 발견되면 즉시 동물병원에 데려가는 것이 중요합니다.

오른쪽: 비뇨기 문제를 앓고 있다고 의심되면 생식기 부위를 핥는지 유심히 관찰한다.

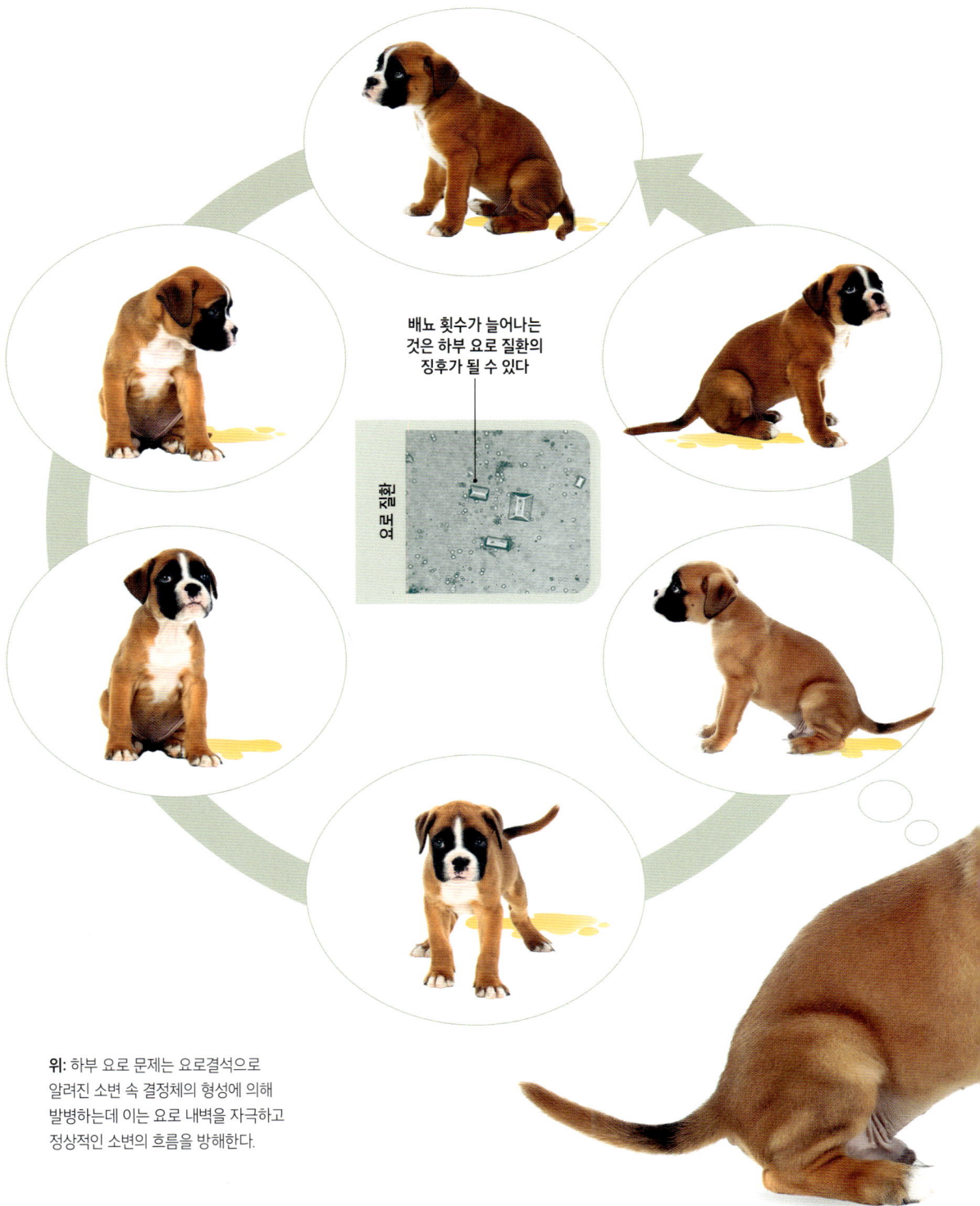

배뇨 횟수가 늘어나는 것은 하부 요로 질환의 징후가 될 수 있다

요로 결정

위: 하부 요로 문제는 요로결석으로 알려진 소변 속 결정체의 형성에 의해 발병하는데 이는 요로 내벽을 자극하고 정상적인 소변의 흐름을 방해한다.

익사

보호자가 안전한 상태에서 물에 빠진 반려견을 구조하고 의식이 있는지 확인합니다. 의식이 없다면 반려견의 생명을 구하기 위해 즉각적인 조치를 취할 필요가 있습니다.

익사는 일반적으로 4단계로 발생합니다. 우선 반려견이 헤엄치려고 노력합니다. 두 번째 물에서 숨을 쉬려다가 숨이 막힙니다. 세 번째는 구토, 네 번째는 움직임이 사라지고 심박수와 호흡이 느려지다가 멈추면서 결국 죽게 됩니다.

오랜 시간 물에 잠겨 있었지만 24시간 이상 생존하였을 경우 거의 반익사 상태에 있을 가능성이 높습니다. 징후에는 혈중 이산화탄소량의 증가, 호흡수의 증가, 폐로 들어가는 물 흡입량의 증가가 포함됩니다. 반익사 상태는 심각한 건강 문제와 죽음을 초래하는 원인이 될 수 있습니다.

생존을 위한 헤엄

익수 시간, 물의 종류, 온도 등이 반익사 사건에서 반려견의 생존가능성에 모두 영향을 미친다

멍한 표정

투명하고 거품이 많은 붉은 가래를 뱉어냄

구토

호흡 곤란

호흡 정지

가슴에서 딱딱 소리가 남

심부전

빠르거나 느린 심박수

오른쪽: 반려견이 오랜 시간 물에 잠겨 있었다면 가급적 빨리 동물병원에 데려가야 한다.

물에 빠진 반려견에 소생술 시행하기

반려견이 의식이 없으면 다음 순서대로 하세요:

1. 응급처치 중에 폐에서 물이 쉽게 빠지게 하기 위해 몸통보다 머리를 훨씬 낮추도록 합니다.

2. 반려견을 옆으로 눕히세요.

위: 대형견일 경우 주위에 도움을 청하는 것이 좋다. 물에서 안전하게 구조하고 안전한 장소에서 응급처치를 하는데 도움이 될 것이다.

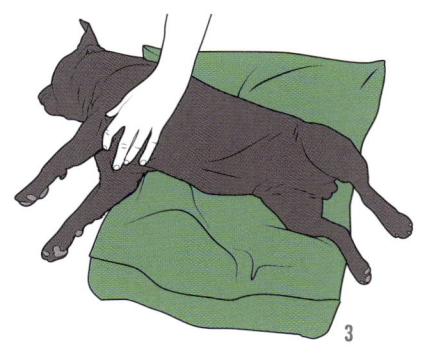

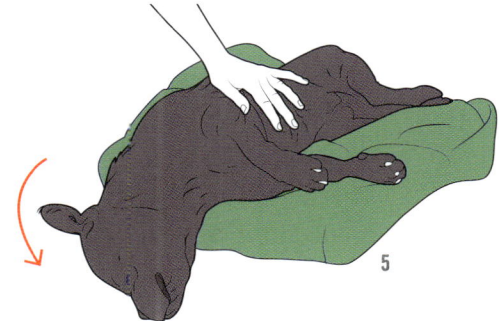

3. 앞 왼쪽다리 아래 가슴에 손을 대고 반려견 심장박동이 있는지 확인하세요.

4. 털 조각처럼 가벼운 것이 코 위에서 움직이는지를 보고 반려견이 숨을 쉬는지 확인하세요.

➕ **소생술: 숨을 안 쉴 때** 126 페이지
➕ **심폐소생술: CPR** 127 페이지

5. 반려견 머리를 몸통보다 낮게 합니다.

6. 입 안에 찌꺼기가 있는지 확인하세요.

7. 혀를 앞으로 빼고 기도를 막고 있는 이물질을 제거하세요.

8. 반려견이 여전히 숨을 쉬지 않으면 심폐소생술을 시작하세요 (126 페이지).

9. 의식이 돌아오면 수건으로 감싸고 동물병원으로 데려가세요.

NOTE:
회복된 것처럼 보일지라도 반익사 상태였던 반려견은 꼭 동물병원에 데려가세요.

감전

반려견이 감전 되었을 경우 감전의 원인이 된 물체에 연결된 전원 스위치를 끄거나, 나무나 고무 등으로 만들어진 비금속의 마른 물건으로 반려견을 밀어냅니다.

어린 강아지는 이가 날 때 잇몸을 풀어주려고 전선을 씹는데 이런 행동은 제지해야 합니다. 이것은 습관으로 발전할 수 있으므로 항상 적절한 재료로 만든 장난감을 씹도록 해줘야 한다

반려견은 지루해 할 수 있다. 지속적인 자극을 주고 혼자 있는 시간을 줄여주면 반려견이 불안감으로 인해 씹는 행동을 줄일 수 있을 것이다 (40 페이지 참조)

전선을 깔끔하게 정리한다. 대롱거리고 있는 전선은 반려견에겐 매우 구미가 당기는 장난감이다. 보호 커버로 덮거나 튜브 속에 배선을 하면 반려견이 이빨로 물어뜯을 가능성이 낮아진다

위: 반려견이 전원에서 떨어지도록 주의해야 한다. 가정에 느슨하게 나와있는 전선이 있다면 반려견 보호를 위해 커버를 씌우는 것을 고려한다.

감전된 반려견을 도와주기 전에 사고가 난 장소가 안전한지 먼저 확인하세요. 감전은 전기 케이블을 씹는 경향이 있는 어린 강아지에게 가장 흔합니다. 감전으로 인한 피해는 전류세기, 전압, 접촉시간에 따라 다릅니다. 며칠이 지날 때까지 감전 사고가 얼마나 심각했는지 분명하지 않을 수 있습니다.

NOTE:
송전선과 같이 고전압의 뭔가에 의해 감전이 발생했다면 경찰이나 소방서에 연락하세요.

감전에 대한 응급처치

반려견이 감전되었다면 다음 순서대로 하세요:

- 전선을 씹었다면 반려견 입과 혀에 화상을 입었을 수 있습니다. 매우 심각한 상황이니 즉시 동물병원에 데려가야 합니다. 반려견이 쇼크상태에 빠질 수 있고 심정지가 올 수 있습니다.

- 반려견이 숨을 쉬지 않으면 심폐소생술을 시작하세요 (126 페이지).

- 감전되었는지 확실하지 않다면 주로 입안의 화상, 통증, 염증 및 침 흘림, 호흡 시 구취, 기침, 호흡 곤란, 실신, 발작 등과 같은 징후가 있는지 잘 살피도록 합니다.

NOTE:
아래 징후 중 하나라도 보이면 동물병원에 데려가세요.

위, 아래: 반려견이 감전되었다고 생각되면 화상 징후를 찾는다. 발작, 실신, 침 흘림, 호흡 곤란 등을 겪을 수 있다.

- 쓰러짐
- 기침
- 숨쉴 때 구취
- 화상, 통증, 염증 (주로 입 안)
- 침 흘림
- 호흡 곤란
- 발작
- 신체 다른 부위 화상

심폐소생술: 숨을 안 쉴 때　126 페이지

발열

반려견이 불편해 하거나 무기력하고 잘 먹지 못한다면 열이 나는 것일 수 있습니다.

먼저 직장 체온계로 반려견 체온을 재세요 (63 페이지).

- 반려견 체온이 40도가 넘거나 24시간 이상 열이 나면 즉시 동물병원에 데려가세요.

- 반려견 체온이 39.5도에서 40도 사이라면 상처, 농양, 종양, 림프절 부종 등이 있는지 부드럽고 조심스럽게 검사하세요.

반려견이 다쳤다면

골절, 종양, 상처 감염 (131 페이지), 농양 감염, 다른 중상 등이 확인되면 즉시 동물병원에 데려가세요. 또한, 반려견의 턱 아래, 어깨 주변, 사타구니 주변, 다리 뒤편에서 림프절이 부어 있다면 즉시 동물병원에 데려갑니다.

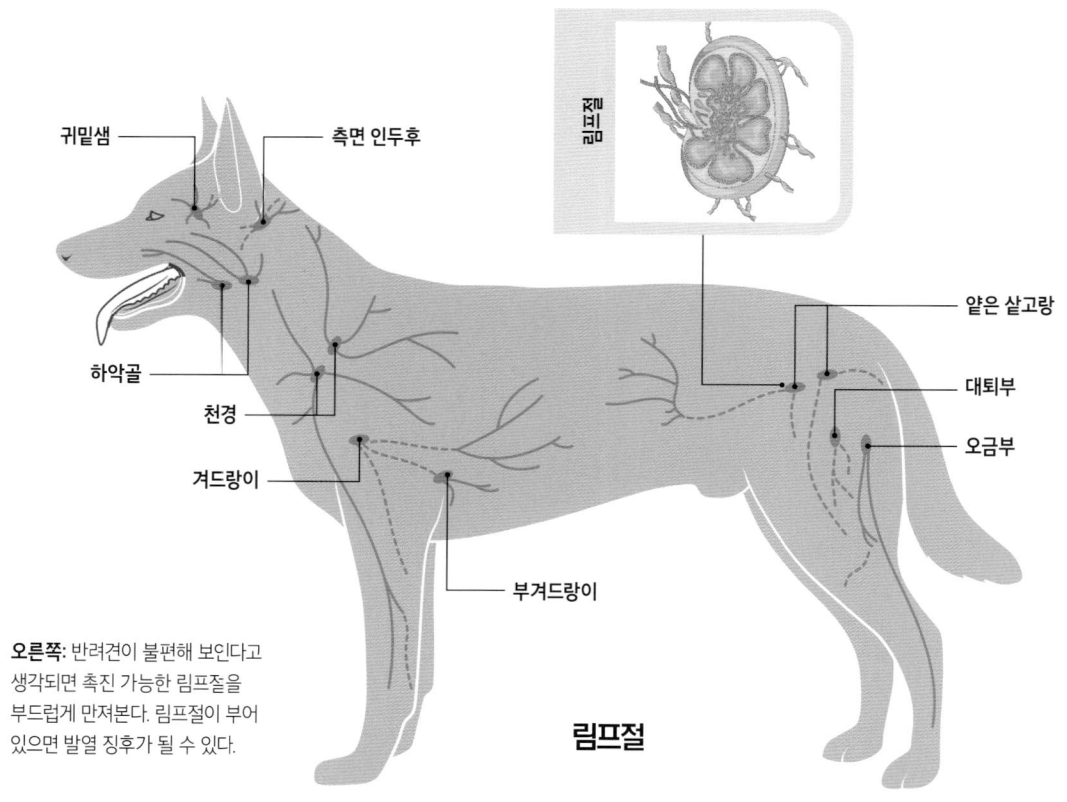

오른쪽: 반려견이 불편해 보인다고 생각되면 촉진 가능한 림프절을 부드럽게 만져본다. 림프절이 부어 있으면 발열 징후가 될 수 있다.

다치거나 아프지 않은 데도 열이나는 경우

아무 문제가 없어 보이는데 체온이 39.5도에서 40도 사이를 보이고 아직 24시간이 경과하지 않았다면 가정에서 체온을 낮추기 위한 시도를 해볼 수 있습니다.

1 바닥이 타일로 된 시원하고 어두운 방에 반려견을 두면 체온을 낮추는데 도움이 됩니다.

2 닿을 수 있는 곳에 깨끗한 물과 습식 먹이를 두세요.

3 물을 마시기 어려워하면 바늘이 없는 주사기에 물을 조금 넣고 반려견 입에 조금씩 주입하세요.

4 선풍기도 켜 주세요.

5 차갑지 않은 시원한 물을 반려견의 털 위에 바로 부어주거나 털 위에 천을 놓고 부어주세요.

24시간 기준 해열 시간

위: 고열이 나면 다른 동물이나 가족과 떨어진 가정 내 시원하고 차분한 환경 속에 반려견을 눕히도록 한다.

왼쪽, 위: 반려견 체온을 더 쉽고 안전하게 잴 수 있도록 구급상자에 귀 체온계를 추가한다.

귀 체온계

구토

구토를 하지만 다른 건강상의 이상이 없어 보이면 먹이를 치우고 새 물을 주도록 하세요. 일단 구토가 멈추면 2시간 기다렸다가 한 티스푼 분량의 먹이를 주세요. 이걸 먹고 몇 시간 내에 이상이 없으면 한 티스푼 더 주세요. 24시간 동안 이렇게 계속해보고 이상이 없다면 평상시 패턴으로 돌아갑니다.

반려견이 24시간 이상 계속 구토를 하거나 기운이 없어 보이면 동물병원에 연락하여 조언을 구하세요.

24시간
증상완화
기준시간

NOTE:
구토, 설사 증상이 모두 있으면 동물병원에 연락하세요.

위, 왼쪽: 구토하기 전에 구역질하고 힘들어 할 것이다. 또한, 침을 흘리고 삼키기를 반복하며 복부 수축이 있을 수 있다.

건강이 나빠졌다는 다른 징후들을 보이면 수의사에게 연락한다

물을 섭취하지 못하거나 토사물에 피와 특이한 것이 있음

잇몸이 옅은 분홍빛에서 창백하게 변하거나 차가워짐

설사

설사는 하지만 구토가 없다면 저절로 나을 수 있습니다. 신선한 물을 충분히 주고 마시도록 도와주세요. 설사를 하는 동안 삶은 닭고기와 쌀밥과 같은 평범한 음식을 주세요.

24시간 이상 설사가 계속되면서 다른 부정적인 건강상의 변화가 보이거나, 반려견이 아주 어리거나 나이가 많거나, 기저질환이 있으면 동물병원에 데려가야 합니다. 만일 혈변을 보거나, 배변색이 까맣고 물설사를 보거나, 설사량이 너무 많으면 반려견을 동물병원에 데려가세요.

24시간 증상완화 기준시간

하얀 생선

삶은 닭고기

왼쪽: 설사가 멈추면 물을 마시도록 하고 소량의 평범한 음식을 다시 제공하기 시작한다.

발작

반려견이 발작을 일으키면 의식이 없고 통증을 느끼지 못함을 기억하세요. 그리고, 다리와 턱에 심한 경련을 일으킬 수 있으니 반려견이 상처를 입지 않도록 유의해야 합니다.

5분 이상 발작이 계속되면 동물병원에 데려가세요. 24시간 이내에 2회 이상 발작이 있을 경우에도 동물병원에 데려갑니다.

발작이 멈춘 후 방향 감각을 잃거나 이상한 행동을 보이고 공격성을 보일 수 있습니다. 발작의 원인이 될 수 있는 질병을 진단받은 적이 없다면 그 원인을 파악하기 위해 동물병원에 데려가야 합니다.

발작의 모습

- 갑자기 쓰러짐
- 다리 떨림이 제어가 안됨
- 얼굴 경련
- 침 흘림
- 의식을 잃음
- 배뇨와 배변

아래: 필요하다면 안전한 장소로 옮겨서 수건으로 감싸고 조용한 방에서 반려견을 관찰한다.

24시간 발작 횟수

반려견이 발작을 일으키면 어떻게 해야 할까

반려견이 발작을 일으키면 다음 순서대로 하세요:

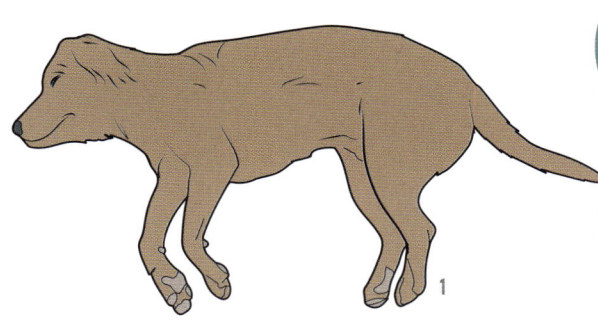

최대 발작시간

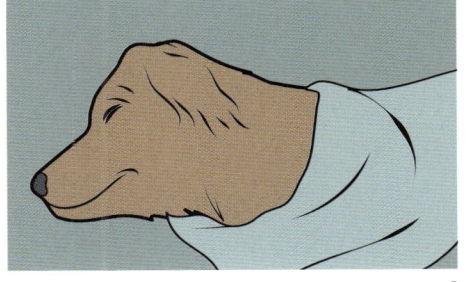

1 발작이 시작된 시간을 확인하고 얼마나 지속되는지 기록합니다.

2 반려견을 잡거나 쓰다듬지 마세요. 자극으로 발작시간이 길어질 수 있습니다.

3 반려견의 부상 방지를 위해 노력하세요. 반려견을 바닥에 내려놓고 날카롭거나 뜨거운 물체, 전기 제품, 물 등을 치우세요. 반려견을 안전한 곳으로 옮길 필요가 있으면 수건으로 감싼 후 옮기세요.

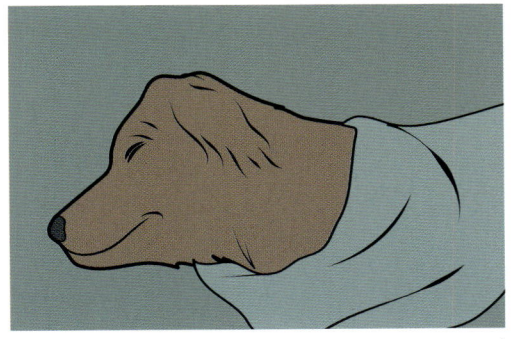

4 방을 어둡게 하고 소음을 최소로 하세요.

발작 지속 시간

오른쪽: 발작은 보통 1분에서 5분 동안 지속되는데 회복하려면 수 초에서 수 시간 걸릴 수 있다.

마비

반려견의 신체 일부가 움직이지 않으면 마비 상태일 수 있습니다. 지역 동물병원에 연락해서 곧 간다고 알리고 즉시 반려견을 데리고 가세요.

반려견의 마비는 다리 하나를 움직일 수 없는 것과 같은 부분 마비와 몸 전체를 움직일 수 없는 전신 마비로 나눌 수 있다. 만일 신체의 어떤 부분을 움직일 수 없다면 무언가가 뇌로 가는 신경 신호를 방해한 것입니다. 모든 형태의 마비는 매우 중증이며 응급상황으로 간주되어야 합니다.

오른쪽: 반려견의 신체 일부가 마비되면 그루밍, 목욕과 같은 일상적인 건강관리에 도움이 필요할 것이다.

마비를 일으키는 원인은?

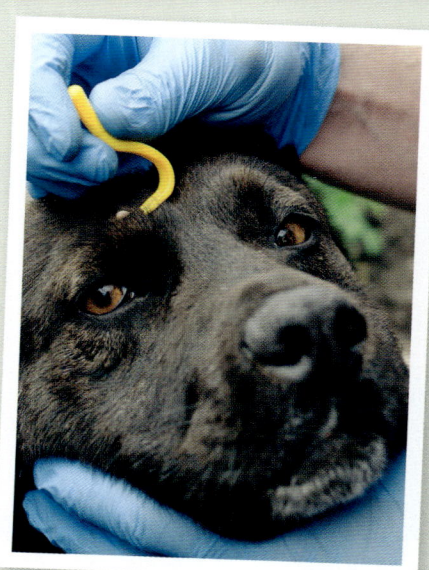

마비는 아무 원인없이 저절로 일어나는 것처럼 보이나 어떤 기저질환이 원인일 수 있다.

몇 가지 흔한 원인으로는:

- 진드기 물림
- 혈전
- 뇌졸중
- 바이러스 감염
- 크립토코커스균
- 신경 손상
- 외상
- 종양
- 보툴리누스 식중독
- 톡소플라스마 기생충 감염
- 척추 혹은 중추신경계 염증

왼쪽: 어떤 진드기는 반려견을 마비시키는 독소를 만들어 낸다. 이 진드기에 물렸다면 응급치료를 위해 동물병원에 데려가야 한다.

마비된 반려견 옮기기

- 마비된 신체 부위가 움직이지 않도록 유의하면서 두꺼운 판자와 같이 단단하고 평평한 표면의 들것에 반려견을 밀어 올리세요.

- 가능하면 이송 중에 반려견이 움직이지 않게 도와줄 수 있는 사람과 동행합니다.

- 혼자일 경우 반려견을 판자위에 둔 채로 그대로 캐리어에 넣으세요. 캐리어가 크지 않다면 플라스틱 상자나 두꺼운 골판지 상자를 이용합니다.

➕ 들것 사용하기　78 페이지

NOTE:
가능하면 이송 중에 반려견을 움직이지 않게 도와줄 수 있는 사람과 동행하세요.

아래: 반려견을 나르기 위해 커다란 나무 판자로 들것을 만든다. 들어올리려면 2명이 필요할 것이다. 혼자일 경우 판자를 끌어서 안전한 장소로 옮긴다.

마비 상태의 반려견을 위한 장기적인 해결책들

중증 정도에 따라 다르지만 반려견의 움직임을 유지할 수 있는 몇 가지 방법이 있다:

- 먹이 받침대를 높인다
- 정형외과 침대 준비
- 침대 진입용 경사로 만들기
- 반려견 안전 지킴용 계단문 준비
- 그루밍 돕기
- 정기적인 목욕

외상이나 뇌졸중을 앓고 있다면 이동 장치나 휠체어가 옵션이 될 수 있으니 수의사에게 조언을 구하자. 비싸기는 하지만 반려견 삶의 질을 위해 그만한 가치가 있다.

위: 마비 상태에서도 높은 삶의 질을 유지하기 위해 도움을 주는 다양한 보조기구가 있다.

중독

사람이 먹는 음식 중 다수가 반려견에게 독이 됩니다. 뜻하지 않게 사람이 먹는 간식으로 반려견에게 해를 입히지 않으려면 먹고 남은 음식이나 찌꺼기를 주지 마세요. 반려견 사료는 반려견의 기호와 영향균형을 고려하여 만들어 졌습니다. 간식을 주고 싶으면 펫샵에서 간식을 구입하세요.

의약품, 세척제품, 그리고 모든 화학제품은 반려견에게 닿지 않도록 안전하게 보관하세요. 반려견이 수납장에 들어가는 방법을 알게 되면 반려견 또는 어린이 보호용 자물쇠로 수납장 문을 잠급니다. 반려견이 돌아다니는 집 안 또는 집 주변에 살충제를 사용하지 마세요.

아래: 많은 중독 사고는 예방이 가능하다. 반려견이 접근을 못하도록 모든 독성물질을 수납장에 보관하여 반려견을 안전하게 지켜야 한다.

모든 가정용 세척제품과 화학제품은 반려견로부터 멀리 치운다

반려견에게 독이 될 수 있는 물질

반려견에게 독이 되는 음식, 약품, 식물 등을 수납장에 보관하고 반려동물에게 닿지 않도록 한다.
독성이 있거나 잠재적으로 위험한 식품은 다음과 같다:

- 양파와 마늘
- 반려견 뱃속에서 알코올 발효를 일으키는 밀가루 생반죽
- 카페인
- 포도, 건포도
- 술
- 아보카도
- 초콜릿
- 마카다미아 견과
- 옥수수
- 곰팡이 핀 음식
- 인공 감미료 (자일리톨)

반려견에게 중독을 일으킬 수 있는 가정 내 식물

가정에서 독성이 있는 식물에 주의하세요. 반려견에게 독이 되는 식물은 다양해서 다음과 같은 일반 식물종도 포함됩니다:

- 알로에 베라
- 협죽도(올리앤더)
- 디기탈리스(폭스글로브)
- 호랑가시
- 국화
- 소철
- 진달래
- 튤립
- 수선화
- 아이리스(붓꽃)

반려견이 중독이 된 징후

중독과 관련된 많은 징후가 있으며 이 중독 징후는 독의 종류와 반려견이 삼켰는지, 숨으로 들이마셨는지, 직접 접촉했는지 등의 신체 유입 형태에 따라 다양합니다. 반려견이 중독이 되었음을 알 수 있는 가장 흔한 징후는 다음과 같습니다:

- 구토
- 설사
- 기력이 없음
- 창백한 잇몸
- 호흡 곤란
- 침 흘림
- 토사물, 변, 침 등에 포함된 피
- 심한 갈증
- 식욕 상실

NOTE:
그렇게 해도 괜찮다는 수의사 지시가 없다면 구토를 유도하지 마세요.

즉각 조치하기!

중독이 되었을 지 모른다고 생각되면 그 즉시 동물병원어 데려가세요. 중독 사고의 경우 시간이 핵심입니다.

초콜릿, 부동액, 제초제 혹은 60 페이지에서 언급된 어떤 물질이라도 먹었다면 가능한 빨리 동물병원에 데려가세요. 반려견은 제초제, 쥐약, 사람이 먹는 약의 과용으로 중독될 수도 있습니다. 반려견이 무언가를 먹었는데 그것이 독성이 있는지 확실하지 않다면 동물병원에 연락해서 독성 정보를 확인할 수 있습니다.

반려견과 초콜릿

초콜릿과 다른 코코아 기반의 식품은 반려견에게 식중독을 일으키는 가장 흔한 원인이 된다.

초콜릿은 섭취 후 2~4시간 이내에 다음과 같은 징후를 일으킨다. 구토, 설사, 심한 갈증, 안절부절 못함, 헐떡거림, 실금(무의식적 대소변)

심박수는 증가하고 심한 경우 초콜릿 섭취는 떨림, 발작과 심지어 죽음에 이르는 원인이 될 수 있다.

반려견이 초콜릿을 얼마나 먹었는지 확실하지 않다면 즉시 동물병원에 데려간다.

오른쪽: 반려견이 중독이 된 징후를 보이면 가급적 빨리 동물병원에 데려가야 한다. 치료가 빠를수록 회복 가능성이 높아진다.

임신

중성화하지 않은 암컷 반려견이 임신되었다고 생각되면 동물병원에 데려가세요. 병원에서 반려견 임신여부를 확인해 줄 수 있을 것입니다. 임신 징후가 보일 때 즈음이면 반려견이 이미 임신한 지 몇 주가 지난 상태일 가능성이 높습니다.

반려견의 임신 기간은 61일에서 65일간 지속됩니다. 언제 분만할지 정확히 알기 어렵기 때문에 가정에서 출산 준비를 하는 것이 일반적입니다. 분만 과정에 대해 걱정이 있다면 동물병원에 상담 약속을 하세요. 동물병원에서 분만 과정에 대한 조언해 주고 질문에 잘 답변해줄 것입니다. 임신 기간 내내 잘 돌봐 줘야 하고 출산 시기를 전후하여 어미견과 갓 태어난 강아지는 특별한 보살핌이 필요합니다.

출산 합병증은 얼굴이 평평한 단두종에서 더욱 흔합니다. 키우는 반려견이 단두종이라면 수의사와 분만에 대해 상의하세요. 수의사는 제왕절개 수술을 권할 것입니다.

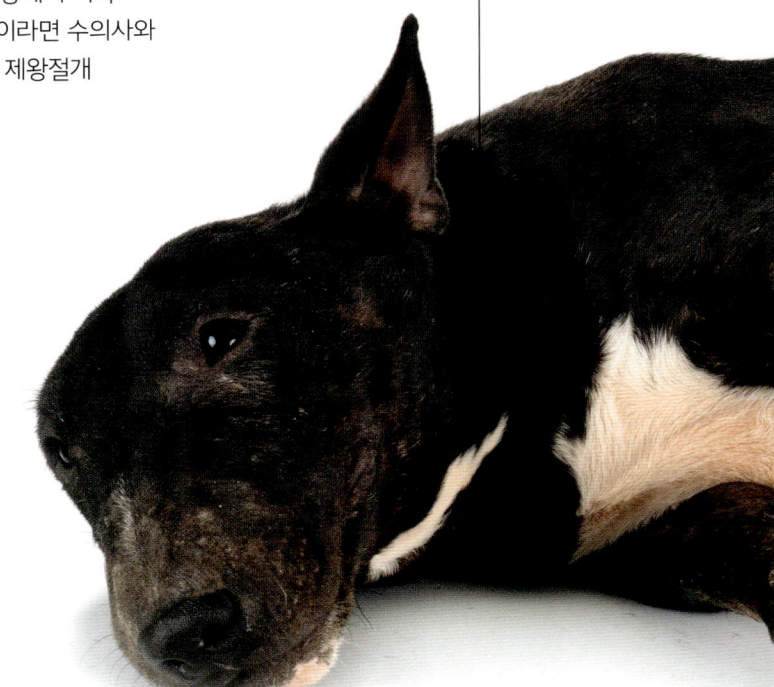

임신 중 수의학적 지원

오른쪽: 반려견이 임신이라고 생각되면 동물병원에 데려간다. 수의사가 임신 기간 내내 도움을 줄 것이고 상황에 따른 최선의 출산 준비절차를 설명해줄 것이다.

출산 준비

임신 마지막 몇 주 동안 반려견은 적당한 분만 장소를 찾기 시작할 것입니다. 반려견의 분만 장소 선택을 도와주기 위해 분만용 상자나 골판지 상자를 제공하고, 그 안에 신문지나 (낡았지만 깨끗한) 담요, 수건 등을 깔아 줍니다. 그리고, 이것들을 집안의 조용하고 어두운 곳에 놓아 둡니다. 마지막 한 주 정도는 대부분의 시간을 집에서 보낼 수 있도록 짧게 산책합니다. 이렇게 하면 반려견이 지치지 않게 되고, 보호자는 출산과정을 지켜보면서 어떤 합병증이 있을 경우에 바로 조치를 취할 수 있습니다.

오른쪽: 집에서 출산준비를 하려면 분만 장소로 사용할 수건과 담요가 깔려 있는 박스나 크레이트를 준비한다. 분만용 상자는 반려견이 안전하고 편안함을 느낄 수 있도록 집 안의 조용한 곳에 두도록 한다.

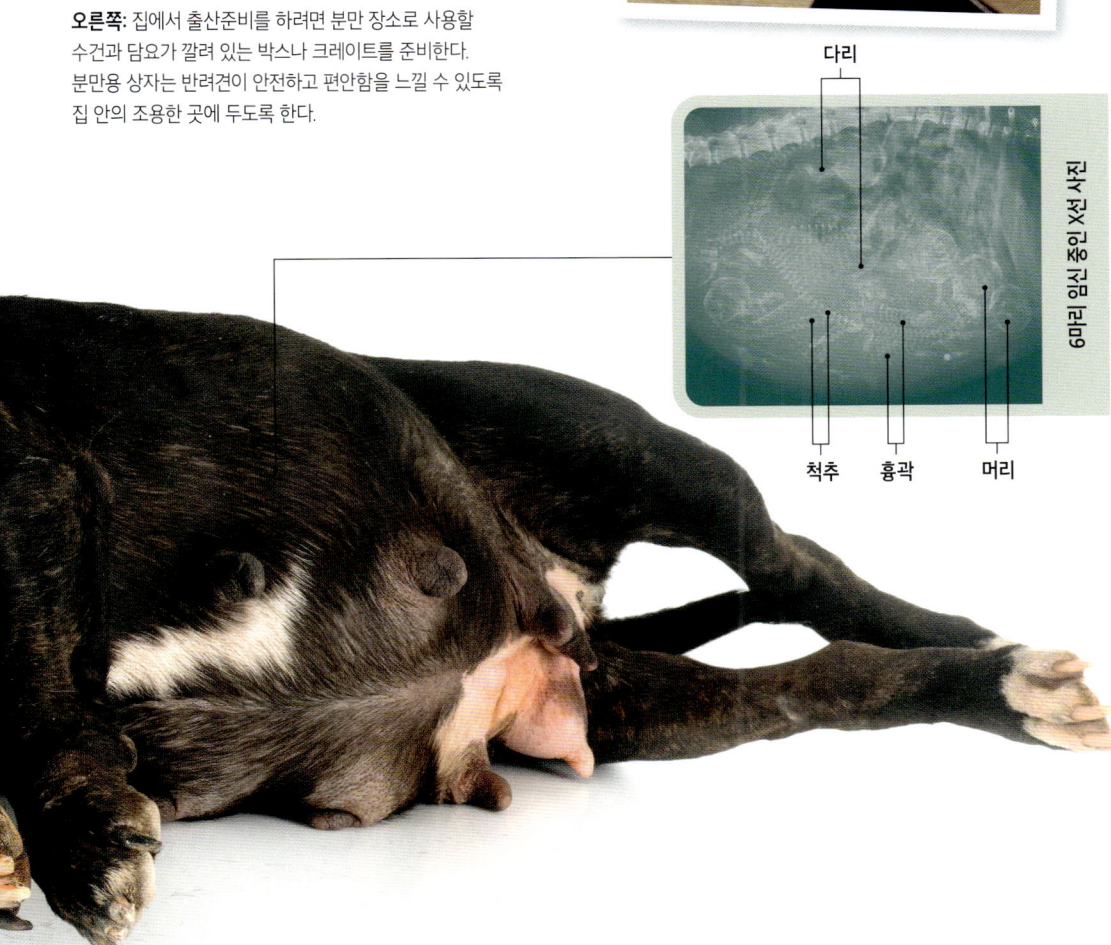

출산

반려견은 출산 직전에 안절부절 못하기 시작합니다. 진통이 시작되기 하루 전까지는 혼자 많은 시간을 보내고 잠자리에만 있으려 할 수 있습니다. 이 상황을 지켜보면서 반려견에게 스트레스를 주지 않는 선에서 직장 체온계로 하루에 두 번 체온을 잴 수 있습니다 (63 페이지). 출산 몇 시간 전부터는 먹는 것을 중지할 수도 있습니다. 출산은 일반적으로 3단계로 진행됩니다.

1단계

출산 첫 번째 단계에서 자궁경부와 질이 이완되고 자궁은 수축을 시작합니다. 1단계에서 반려견이 힘을 주지는 않지만 복벽을 통해 새끼 반려견이 움직이는 것을 느낄 수 있습니다. 이 단계에서 반려견은 주기적으로 분만 상자를 들락날락 거립니다. 1단계에서 숨을 헐떡이고 가볍게 떠는 것은 정상입니다. 반려견을 예의주시하고 위로와 지원을 해주며 반려견을 안심시키세요.

2단계

출산 두 번째 단계에서 자궁 수축은 더욱 강해지고 자주 발생합니다. 자궁이 수축을 하는 것을 눈으로 확인할 수 있는데 이 과정 중에 쪼그려 앉거나 누울 수 있습니다. 10분에서 한 시간 정도 자궁이 수축 되면 새끼를 낳아야 합니다. 이 시간 이후에도 출산 하지 않으면 합병증 우려가 있으니 동물병원에 연락하세요. 첫 번째 새끼를 출산하면 녹색 또는 피 색깔의 액체가 나옵니다. 만일 첫 번째 새끼를 출산 하기 전에 이 분비물이 보이면 뭔가 잘못된 것일 수 있습니다. 이럴 경우에는 동물병원에 연락하세요.

NOTE:
때때로 새끼 반려견은 꼬리부터 나옵니다. 이것이 일반적으로 문제가 되진 않지만 어떤 경우에는 새끼가 쉽게 나오도록 부드럽게 손으로 도와줄 필요가 있습니다.

첫 번째 새끼가 태어날 때 어미견이 양수 주머니를 찢어서…

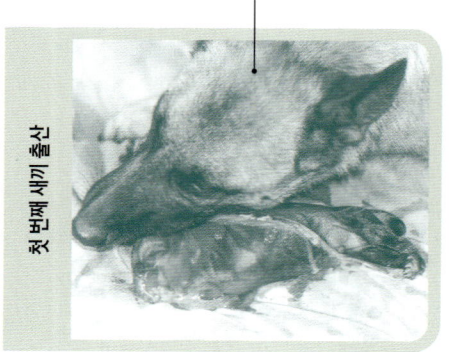

첫 번째 새끼 출산

…마침내 새끼 강아지가 나오도록 해준다

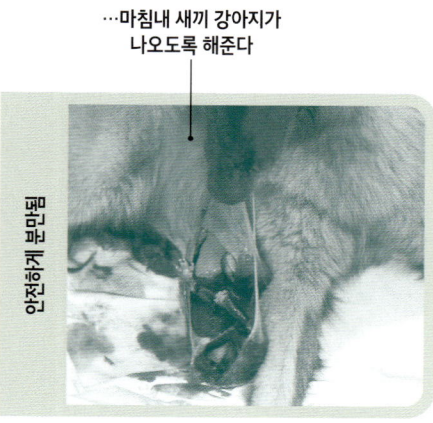

안전하게 분만

3단계

2단계 후에 3단계가 바로 시작됩니다. 3단계에서 검은 색의 덩어리인 태반과 함께 양막이 골반을 통해 배출됩니다.

한 배에서 여러 마리 새끼가 태어나면서 2, 3단계가 반복됩니다. 새끼 한 마리가 태어나고 즉시 양막이 나오지 않더라도 놀라지 마세요. 때때로 그 다음 새끼가 이동하면서 막이 나오는 것을 방해하여 다음 새끼의 출산 이후 2개의 양막이 한꺼번에 나올 수 있습니다. 만일 태어난 새끼 숫자만큼 동일하게 태반이 나오지 않았다면 어미견을 동물병원에 데려가야 합니다.

일반적으로 20분 간격으로 새끼를 낳지만 출산 간격이 최대 2시간이 될 수 있습니다. 평균적으로 반려견은 5, 6마리의 새끼를 출산합니다. 만일 출산 간격이 2시간이 넘으면 동물병원에 연락하시기 바랍니다.

새끼는 양수 주머니에 들어있어서 어미견은 새끼를 핥아서 양수 주머니를 찢고 호흡을 자극하려 할 것입니다.

> **NOTE:**
> 출산 중 어떤 단계에서 무엇인가 잘못된 것은 아닐지 걱정되면 즉시 동물병원에 연락해서 조언을 구하세요.

그리고, 탯줄을 물어 끊습니다. 어미견이 태반을 먹더라도 놀라지 마세요. 이것은 자연스러운 행위입니다. 출산은 반려견에게 자연스러운 과정이고 사람 개입 없이 편안하게 모든 3단계를 완료할 것입니다. 진통은 보통 3시간에서 12시간 정도 지속되지만 24시간 동안 계속될 수 있습니다.

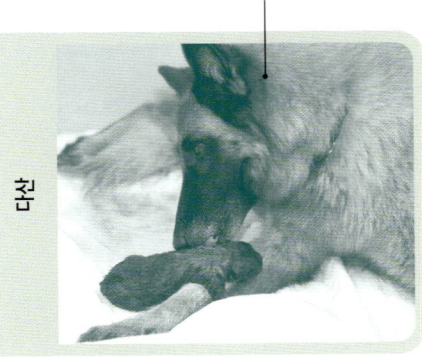

호흡을 자극하기 위해 갓 태어난 새끼를 핥는다

핥기

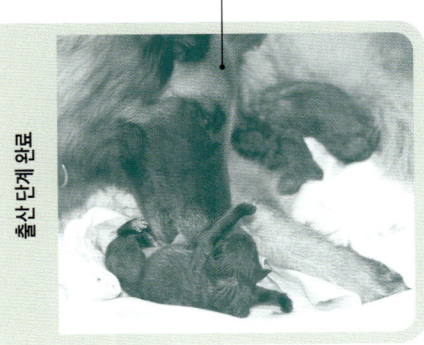

새끼가 모두 태어날 때까지 주의 깊게 예의주시하되 불필요하게 개입하지 않도록 한다

출산 단계 완료

왼쪽: 갓 태어난 새끼 반려견이 숨을 쉬지 않으면 손가락으로 입과 코를 닦고 깨끗한 수건으로 등을 부드럽게 문지른다.

- 생식기 안에서 새끼 반려견의 일부가 보일 경우 매우 빨리 출산하지 않으면 생존하지 못할 수 있습니다. 현장에 즉시 수의사가 올 수 없다면 보호자 개입이 최선입니다.

- 어미견이 힘주기를 포기했고 새끼 머리가 먼저 나와 생식기에 걸려있는 경우라면 새끼가 숨을 쉬도록 막을 제거할 수 있습니다. 먼저 입과 코를 닦아내고 깨끗한 수건으로 새끼가 나오도록 조심스럽게 꺼내 줍니다. 지면에서 45도 각도로 끌어내는데 먼저 한쪽에서 끌고 그 다음 다른 쪽을 끌어서 양방향으로 교대로 부드럽게 끌어냅니다.

만약 출산 중 잘못될 경우에는?

대부분의 반려견은 아무런 문제없이 전적으로 혼자 힘으로 출산을 하지만 합병증이 생길 경우를 대비해서 출산 과정 잘 이해하고 관찰하는 것이 중요합니다. 출산 간격이 지연되고 눈에 띄게 괴로워하면 문제가 있을지도 모릅니다.

정상적인 출산 중에 반려견이 온 힘을 다하는 모습은 보호자에게 사로운 경험입니다. 보호자는 새끼가 태어나는 과정을 지켜볼 수 있고, 반려견의 산통이 지켜보기 힘든 고통처럼 보이지는 않을 것입니다.

- 반려견이 안간힘을 주지만 출산에 뚜렷하게 진전이 없을 경우 태아가 산도에 막혀 있을 수 있습니다. 반려견은 헐떡거리고 소리를 내거나 불안정하고 지칠 수 있습니다. 이런 상태가 되면 새끼가 골반을 통과하는지 알아보기 위해 외부에서 살필 수 있습니다. 생식기 주변에 아무 것도 보이지 않으면 동물병원에 연락해서 조언을 구하세요.

- 어미견이 새끼를 핥아서 호흡을 자극하지 않으면 보호자가 개입해야 할 수 있습니다. 깨끗한 손으로 양수 주머니를 찢고 입과 코에 묻은 양수를 닦아 내세요. 호흡을 자극하려면 수건으로 새끼 등을 문지르세요.

- 어미견이 새끼 반려견 각각의 탯줄을 끊지 않으면 보호자가 직접 잘라야 할 필요가 있습니다. 이렇게 하려면 두꺼운 실이나 밀랍이 입혀지지 않은 치실로 새끼 몸 약 3센티미터 위치에서 탯줄을 단단히 묶고 어미견 쪽의 탯줄을 자릅니다. 깨끗한 거즈로 눌러서 지혈하도록 합니다.

NOTE:
어떤 단계에서든지 출산 도중 무언가 잘못되었을 것 같은 걱정이 있으면 즉시 동물병원에 연락해서 조언을 구하세요.

발이 먼저 나오면 어떻게 하죠

생식기에 머리가 나와 있는 것이 아니라 꼬리나 다리가 보이면 서둘러 조치해야 합니다.

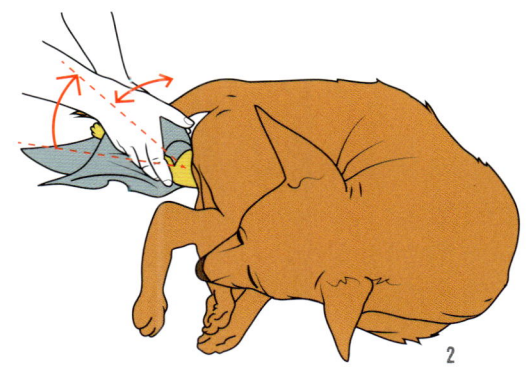

1 갓 태어난 강아지의 몸은 미끄러우니 깨끗한 수건으로 새끼 반려견을 잡으세요.

2 조심스럽게 새끼를 밖으로 끌어내세요. 지면에 45도 각도로 끌면서 부드럽게 한쪽을 끌어내고 그 다음 다른 쪽을 끌어 내면서 교대로 방향을 바꾸며 끌어내세요.

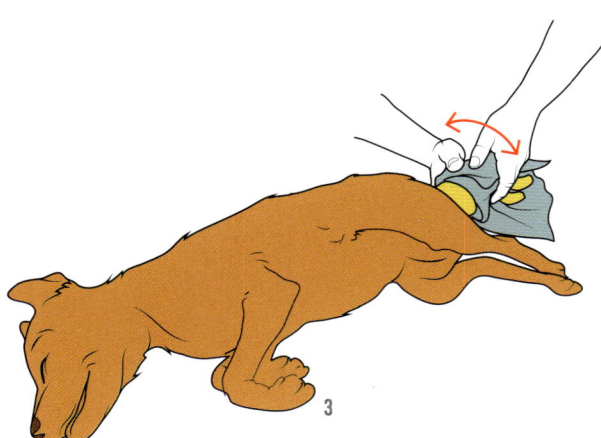

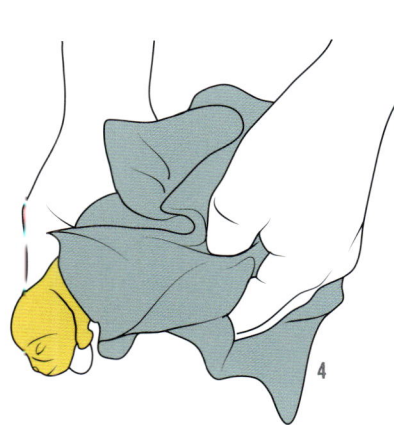

3 잘 나오지 않으면 아주 부드럽게 새끼를 살짝 회전시켜 보세요.

4 새끼가 태어나자 마자 코와 입의 막을 치우고 머리를 아래로 기울여 체액을 제거하고 숨을 쉴 수 있게 합니다.

신생견 돌보기

갓 태어난 새끼 반려견은 영양과 온기를 어미견에게서 얻습니다. 일반적으로 이 단계에서 보호자는 보조적인 역할을 하는데 집중해야 합니다. 어미견과 새끼가 잘 지내는지 주의 깊게 살피고 필요한 것이 있으면 잘 준비해 주도록 합니다.

생후 4주까지 새끼 반려견은 어미견에게 필요한 모든 영양분을 받습니다. 이 시기에 매 2, 3시간 마다 어미의 젖을 먹는 것이 매우 중요한데 이 젖에는 질병으로부터 새끼를 보호하는 항체가 포함되어 있습니다. 새끼 반려견이 어미견에게 충분한 영양분을 공급받지 못한다고 생각되면 동물병원에 연락하세요.

다음 단계는?

어미견과 새끼 강아지가 건강해 보이면 두 마리 모두 생후 일주일 이내에 검진을 위해 동물병원에 데려가세요. 크레이트에 어미견과 새끼를 함께 넣고 이송하여 새끼 반려견의 체온을 유지하고 불안감을 줄이도록 합니다.

어미견과 신생견의 산후조리

갓 태어난 새끼 반려견을 건강하게 키우려면 적절한 환경을 제공하는 것이 중요합니다. 정기적으로 새끼 반려견을 확인하되 불필요하게 개입하지 않도록 하세요.

1 어미견과 모든 새끼가 안락하게 지낼 수 있을 크기의 커다란 상자인지 확인하세요. 깨끗한 타월을 바닥에 깔고 주기적으로 교체해 주세요.

2 상자를 다른 가족 구성원과 반려동물에게서 떨어진 집안의 조용한 곳에 두세요. 방문을 닫아서 소음으로 인해 방해받지 않도록 합니다.

3 방이 따뜻하도록 29.5도에서 32도 사이를 유지합니다. 감기는 갓 태어난 신생견에게 치명적입니다.

4 불필요하게 방해하지 않도록 하세요. 어미견은 출산 후 허약한 상태에 있습니다. 어미견이 회복하기 전에 새끼를 치우거나 안으면 어미견과 새끼 모두에게 스트레스를 줄 수 있습니다. 반려견 가족에게 천천히 부드럽게 접근하고 어미견의 반응에 따라 행동을 조정해가세요.

5 상자 밖에서 반려견 가족을 살피세요. 모든 새끼가 젖꼭지를 잘 찾아가는지, 어미견이 매 2, 3시간 마다 젖을 먹이는지 확인하세요.

6 출산 일주일 내에 어미견과 새끼 모두 동물병원에 데려가서 첫 건강검진을 받도록 합니다.

반려견 산후조리

새끼를 돌보면서 어미견도 잘 관찰해야 한다. 흔하지는 않지만 다음과 같은 산후 건강 문제가 어미견에게서 발생할 수 있다:

- **유선염** 어미견의 유선 주변이 붓고 염증이 있으며 변색이 되거나 새끼 반려견이 예상한 만큼 체중이 증가하지 않으면 가능한 빨리 동물병원에 데려가야 한다.

- **자궁근염** 화농성 분비물이 생식기에 보이면 자궁 감염일 수 있으니 가능한 빨리 동물병원에 데려간다.

- **산후마비** 기력이 없거나 근육 경직, 떨림, 발작, 발열은 모두 혈중 칼슘 부족의 신호이다. 만일 어미견이 비정상적인 행위나 징후를 보이면 동물병원에 데려간다.

> **NOTE:**
> 보호자의 큰 개입이 없어도 어미견과 새끼 반려견은 잘 지낼 것입니다. 하지만 발생 가능한 모든 문제를 보호자가 알고 있는 것이 중요합니다.

신생견 되살리기

숨을 쉬지 않는 신생견을 살려야 할 경우 먼저 입과 코의 막을 제거한 후 양수를 제거하기 위해서 머리를 아래로 기울입니다. 약 10초간 이 자세를 유지하면서 몸을 힘차게 문지릅니다.

일반적으로 어미견은 이빨을 사용해 탯줄을 끊으며, 이는 자연스러운 출산 과정의 일부입니다. 그러나, 탯줄이 끊어지지 않으면, 어미견이 탯줄을 씹어 끊는 행위를 흉내 내어 보호자가 손가락으로 탯줄을 끊을 수 있습니다. 이 경우 새끼 배에 붙어 있는 탯줄을 실수로 뽑지 않도록 새끼 쪽의 탯줄을 잡고 있어야 합니다. 좀 전문적인 방법으로는 깨끗한 치실을 사용하는 것입니다. 새끼 몸에서 약 5센티미터 떨어진 곳을 묶고 멸균이 된 끝이 무딘 가위로 탯줄을 자릅니다.

신생견에게 인공호흡 하기

만일 신생견이 숨을 쉬지 않으면 동물병원에 연락한다.

- 기도에 막힌 것이 없을 경우 수의사는 인공호흡을 하라고 할 수 있다. 우선 입과 코에 있는 체액이나 막을 제거하는 것이 중요하다.

- 이 경우 신생견을 등쪽으로 눕히고 새끼의 입과 코를 통해 (작은) 폐 속으로 아주 부드럽게 공기를 불어 넣는다.

- 폐가 과도하게 팽창하는 것을 막기 위해 빨대를 사용하는 것도 효과적이다.

- 이것을 2, 3회 반복한다. 심장이 뛰지 않으면 엄지와 검지를 앞다리 안쪽 가슴에 놓는다. 15초에서 20초 동안 빠르게 누른다. 응급실이 있는 동물병원 근처에 살고 있으면 동물병원에 연락해서 반려견을 데려가야 할지 물어본다.

- 심장이 뛰기 시작하면 뒤집어서 수건으로 문지른다. 다시 숨이 멎으면 입과 코에 숨을 불어넣기를 계속한다.

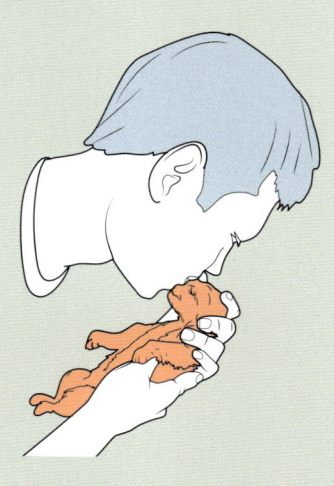

신생견 되살리기

앞 페이지 단계에서 숨을 쉬지 않으면 기도에서 양수를 제거할 필요가 있습니다.

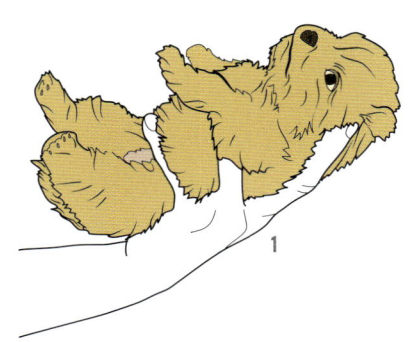

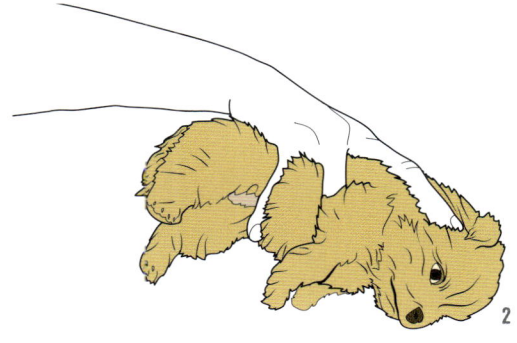

1 검지와 중지 사이로 신생견 목을 받치면서 손바닥에 새끼 반려견을 뒤집어 눕힙니다.

2 손으로 부드럽게 신생견을 감싸고 손바닥이 바닥을 향하도록 뒤집습니다. 팔을 뻗어 매우 부드럽게 손을 흔듭니다. 이렇게 하면 양수가 제거되고 호흡을 하는데 도움이 됩니다. 신생견이 다치지 않도록 정말 부드럽게 하세요.

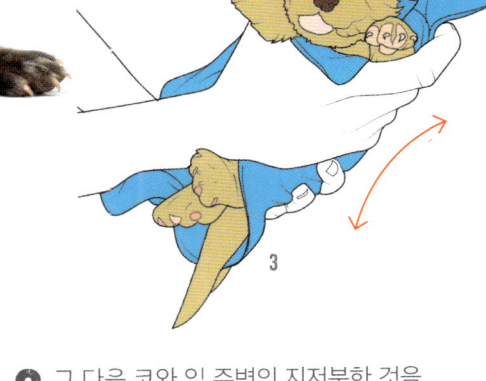

NOTE:

갓 태어난 신생견을 따뜻하게 해주는 것은 필수입니다. 일반적으로 어미견은 접촉을 통해 신생견의 온기를 유지하지만 만일 어미견이 그렇게 하지 않는다면 담요로 단단히 감싼 따뜻한 온수병을 이용하여 신생견을 따뜻하게 해줄 수 있습니다.

3 그 다음 코와 입 주변의 지저분한 것을 제거하고 깨끗한 수건으로 반려견 배를 부드럽게 쓰다듬고 문지릅니다. 숨을 쉬기 시작하면 수건으로 부드럽게 문질러서 털을 말립니다.

넥카라 만드는 방법

넥카라(엘리자베스 카라, "창피한 깔때기"로도 널리 알려짐)는 반려견이 상처를 핥지 못하도록 막는 간단한 기구입니다.

넥카라는 상처를 핥거나 실밥을 뽑으려는 행위를 막는 효과적인 방법이지만 반려견은 넥카라에서 벗어나려고 발버둥을 칠 것입니다. 이 점을 염두에 두고 급하게 준비해야 할 경우를 대비해서 어떻게 만드는지 알아두세요.

창피한 깔때기

"창피한 깔때기"라는 용어는 반려견이 비정상적인 느낌에 대처하려고 자연스럽게 머리를 숙이는 사실에서 유래하였고 이런 모습이 반려견이 수치심을 느끼는 것으로 의인화되었다. 이 용어는 디즈니/픽사 영화 "업(Up)"에 의해 대중화되었고 깔때기는 등장 캐릭터에 의한 처벌로 사용되었다.

비상용 넥카라 만들기

가정에 넥카라가 없을 경우 응급처치 상황에서 보호자가 직접 제작할 수 있습니다.

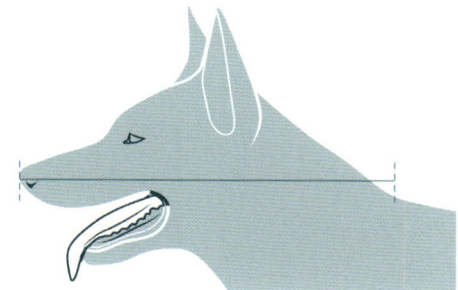

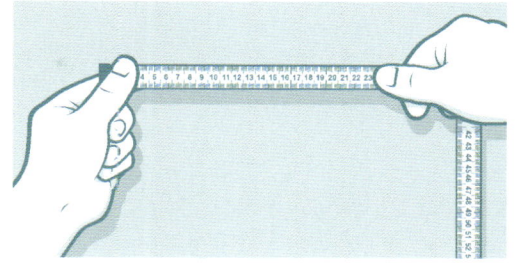

1 넥카라의 정확한 높이를 재려면 반려견 목덜미에서 코 끝까지 길이를 재고 그 값에 3cm 정도 더합니다.

2 정확한 지름을 얻으려면 목둘레 길이를 재세요. 그 값에 1.5cm 정도 더합니다.

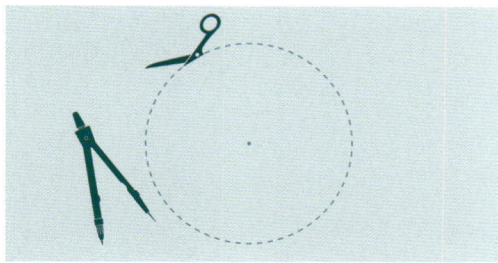

3 컴퍼스를 높이 길이에 맞추고 마분지에 원을 그려 잘라냅니다.

4 바깥쪽 가장자리에서 원 중심으로 "V" 모양으로 자릅니다. 이때 원 중심에 "V" 글자의 끝점이 위치합니다.

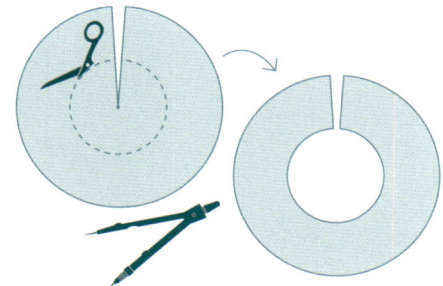

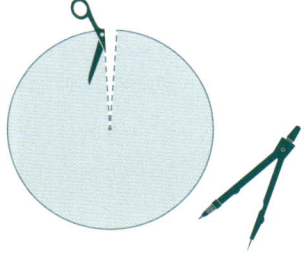

5 컴퍼스를 높이 길이의 절반에 맞추고 마분지 원의 가운데에 또 하나의 원을 그려 잘라냅니다.

6 큰 마분지 원을 원뿔 모양으로 접고 두 면이 만나는 가장자리에서 안쪽으로 1cm 정도 되는 위치에 구멍을 4-5개 만듭니다. 양쪽 가장자리를 모두 이렇게 하고 겹쳐진 구멍에 리본을 넣고 묶어서 반려견 목둘레에 넥카라를 고정시킵니다.

소형견용
응급 캐리어 만들기

응급 상황에서 작은 반려견을 동물병원으로 이송 시킬 때 이송용 캐리어가 없다면 다른 수단을 사용할 수 있습니다.

다치거나 걸을 수 없는 반려견을 동물병원으로 이송 시킬 때 시판하는 전문적인 캐리어를 이용하는 것이 최선입니다. 그러나 응급상황에서 임시로 만들어 사용할 수 있는 다른 방법도 있습니다.

아래: 통풍이 되는 박스나 가방 안에 반려견이 쓰던 담요나 보호자의 낡은 스웨터를 넣어서 스트레스 받기 쉬운 반려견에게 편안함 느끼게 해 준다.

NOTE:
다친 반려견을 이송할 때 적절한 캐리어를 이용하는 것이 필수입니다. 다친 반려견을 팔로 품에 안으려 하지 마세요. 반려견이 스트레스를 받아 공격적으로 될 수 있으며, 팔에서 떨어진다면 이송 도중이나 병원에서 위험할 수 있습니다.

소형견용 임시 캐리어

무엇을 사용하든지 간에 캐리어는 벗어나려는 반려견을 안전하게 보호하고 통풍이 잘 되어야 합니다.

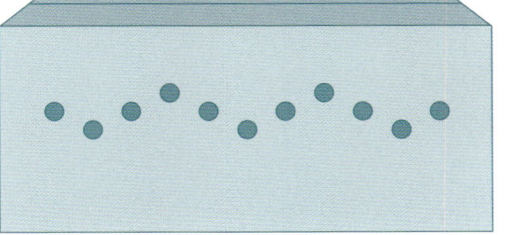

위: 응급상황에서 반려견을 이송하기 위해 박스를 사용할 경우 통풍이 잘 되어야 하고, 반려견이 탈출하거나 바닥으로 추락하지 않도록 안전해야 한다.

- 측면에 구멍을 뚫은 커다란 골판지 상자. 상자는 반려견 체중을 지탱할 만큼 견고해야 하고, 바닥은 안전하게 테이핑 되어야 합니다. 골판지 상자 안에 반려견을 넣어 이송할 때 한 손으로 상자 바닥을 받쳐야 합니다.

- 뚜껑에 구멍이 뚫린 대형 플라스틱 보관통.

- 바닥이 단단하고 통풍이 잘 되는 스포츠 가방. 스포츠 가방은 대개 나일론과 같은 통기성 소재로 만들어져 있고 공기가 통할 수 있는 메쉬 소재로 만들어져 있습니다. 비통기성 가방을 사용하면 가방 옆면에 통풍 용도의 작은 구멍을 반드시 내어야 합니다.

박스든 가방이든 무엇을 선택하든지 캐리어는 반려견을 눕힐 수 있을 만큼 충분히 커야 하고, 반려견 보호와 편안함을 위해 바닥이 튼튼해야 합니다. 차량으로 이동할 경우 좌석벨트로 캐리어를 제자리에 고정하세요. 공기는 충분한지 주기적으로 확인해야 합니다.

응급상황

- 위중한 응급상황에서 다른 이용할 것이 전혀 없다면 통기성 면 베갯잇을 사용한다.

- 베갯잇을 뚜껑 없는 바구니나 통에 빈틈없이 채워 넣어 반려견이 심하게 움직이거나 베갯잇 안에서 더 다치지 않도록 한다.

NOTE:

배뇨를 대비해서 수건을 캐리어에 깔아두세요. 골판지 상자나 방수가 안 되는 가방을 이용할 경우 캐리어 밑에 비닐봉투를 깔아 두세요. 비닐봉투 안에 캐리어를 넣지 마세요. 공기 흐름을 막을 수 있으니까요.

수의사 선생님 질문과 답변

어린 강아지는 1살 때까지 예방접종과 중성화 수술을 위해 정기적으로 동물병원을 방문할 필요가 있다

성인견은 1년에 한 번 건강검진이 필요하고 매해마다 반려견 홍역, 파보바이러스, 간염 등의 예방을 위한 백신접종이 필요하다

우리 반려견이 동물병원에 가는 것을 싫어해요. 어떻게 하면 되나요?

동물병원에 가는 여정이 긍정적인 감정으로 연결되게 해주세요. 반려견에게 많은 관심을 보여주고 수의사를 만나면 간식을 주도록 하세요. 주차장에 들어가자 마자 불안해 하면 치료가 없는 날 가끔 동물병원에 데려가는 것도 고려해 보세요. 접수 직원에게 상황을 설명하고 병원에 들어갈 때 반려견에게 간식을 주게끔 부탁하세요. 필요 없을 때 억지로 동물병원에 데려가지 말고, 천천히 절차대로 진행하고, 잘한 행동에는 보상하세요. 수의사에게 치료를 받는 것이 반려견에게는 스트레스가 될 수 있어요. 검진에 익숙해지도록 가정에서 귀, 치아, 발을 검사하는 시간을 가져보세요. 반려견을 잘 자제시키고 모의 검사 중에 간식을 줍니다.

동물병원에 얼마나 자주 데려가야 하나요?

어린 강아지는 1차로 맞아야 하는 예방접종을 위해 여러 번 동물병원을 방문할 필요가 있습니다. 그 이후 예방접종이 잘 된 건강한 성인견은 1년에 한 번 검진을 위해 동물병원에 가야 하죠. 반려견에게 건강상 문제가 있다면 보다 자주 정기적으로 병원에 방문할 필요가 있습니다.

얼마나 자주 예방접종을 해야 하나요?

어린 강아지는 보통 생후 6주에서 8주 사이에 일반 질병에 대한 예방접종을 합니다. 그러고 나서 2주 간격으로 수회에 걸쳐 추가 예방접종을 받게 되죠. 그렇게 처음 백신을 접종한 이후부터 1년에 한 번 접종 예약을 위해 동물병원에 데려가야 합니다. 예방접종을 한 적이 없거나 15개월 이상 접종 예약이 없었다면 어떤 백신을 접종해야 할지 상의하기 위해 동물병원에 데려가시기 바랍니다.

처음 접종하는 예방백신은 보통 반려견 홍역, 기관지염, 파보바이러스, 파라인플루엔자, 렙토스피라증, 제1, 2 아데노바이러스로부터 반려견을 지켜줍니다.

중성화 수술의 이점은 무엇인가요?

난소적출, 거세와 같은 중성화는 외과적 수술이며 마취로 인한 위험이 일부 존재합니다. 그러나, 중성화는 많은 이점이 있어서 대개 마취로 인한 잠재적인 위험을 훨씬 넘어설 정도로 큽니다. 주로 중성화는 노년에 암으로 발전할 수 있는 위험을 줄여줍니다. 또한 위험한 자궁감염으로 발전할 우려를 줄여주고 임신, 출산과 관련된 위험요소를 제거합니다. 중성화가 반려견 성격을 바꾸지는 못하지만 공격성, 배뇨 마킹과 같은 원하지 않는 행동을 없애 줄 수 있습니다. 동물보호소는 이미 과포화 상태이므로 보호자가 새끼 반려견을 원하지 않는다면 중성화를 권합니다. 당뇨나 간질이 있다면 약물효과를 저해할 수 있는 호르몬 변화를 줄이기 위해서도 중성화를 해야 합니다.

몇 살 때 중성화 수술을 해야 하나요?

암컷 반려견이 첫 새끼를 가질 때까지 기다린 후 중성화를 시킨다는 생각은 근거 없는 믿음입니다. 이런 것은 필요치도 않고 반려견에게 전혀 이점이 없습니다. 수컷이든 암컷이든 생후 6개월에서 12개월 사이에 중성화 수술을 해야 합니다. 반려견이 몇 살 때 수술을 하는 것이 좋은지 수의사에게 물어보세요. 왜냐하면 견종별로 다른 비율로 성숙하기 때문인데 일반적으로 작은 반려견은 어린 연령대에, 그리고 큰 반려견은 높은 연령대에 하는 것이 좋습니다.

마이크로칩을 내장해야 할까요?

반려견이 길을 잃거나 집에서 벗어나는 사건이 있을 경우 가이크로칩이 반려견과 다시 재회할 수 있는 가능성을 높여 줍니다. 마이크로칩은 쌀알 크기의 전자칩으로 반려견에 대한 정보를 담고 있습니다. 마이크로칩은 반려견 피부 아래에 삽입되어 일생 동안 그대로 유지됩니다. 반려견이 발견되면 지역 동물병원이나 동물구호센터에서 마이크로칩을 스캔하여 보호자의 자세한 연락처를 찾을 수 있습니다. 주사기를 이용해서 마이크로칩을 삽입한 이후 전화번호, 집주소, 비상 연락망과 같은 보호자의 정보를 최신으로 유지하기만 하면 됩니다.

그 반려견이 주인이 있나요?

반려견이 주인이 있는지 확인하려면 다음 순서대로 한다:

- 목줄이 있다면 보호자의 연락처를 확인한다.
- 반려견을 동물병원에 데려가서 마이크로칩을 스캔한다.
- 반려견을 발견한 지역의 주민들에게 물어본다.
- SNS에 사진을 올리고 사진을 공유하도록 지역에 요청한다.
- 사진, 설명, 자세한 연락처가 실린 전단지를 해당 지역 부근에 배포한다.
- 지역신문과 SNS 그룹에서 해당 지역에서 분실한 반려견 게시물을 확인한다.

길 잃은 반려견을 발견했어요. 어떻게 하지요?

다친 야생견 또는 길 잃은 반려견을 발견하면 지역 동물보호소에 연락하세요. 공격적이거나 사회화되지 않은 개를 만지려고 하지 마세요. 그런 반려견은 인도적인 방법으로 포획해서 옮기는 것이 좋습니다. 캐리어는 사용 후 철저하게 소독해야 합니다.

우호적이고 보호자가 있는 것처럼 보이는 다친 개를 발견하더라도 반려견에게 접근해서 만지는 것은 여전히 매우 조심해야 합니다. 개가 아프면 의심할 여지없이 불안해하고 두려워할 것입니다. 낯선 사람이 만지는 것을 좋아하지 않을 것이며 물려고 할 수 있습니다. 멀리서 눈으로만 반려견을 살피도록 하세요.

다친 개에게 접근할 때는 천천히 그리고 차분하게 접근하세요. 개가 긴장하면 멈추세요. 다가갈 때 부드러운 목소리로 말을 걸고 상태를 검사하는 동안 계속 그렇게 하세요. 짖거나 으르렁거리면 접근하지 마세요. 긴장해서 가만히 있거나 서성거리는 것으로 보이면 겁을 먹고 물 수도 있으니 그런 개에게 접근하거나 직접 눈을 마주치지 않도록 합니다.

개가 여러분과 같이 있는 것을 편안하게 여기고, 리드줄이나 캐리어에 넣어 동물병원 또는 동물보호협회에 안전하게 이송할 수 있다면 그렇게 하세요. 그 곳에서 개를 검사하고 주인을 찾는데 도움을 줄 수 있을 것입니다. 반려견을 이송할 수단이 없으면 지역 동물보호센터에 연락하세요. 센터에서 다친 반려견을 데려갈 것입니다.

반려견에게 필요한 운동량은 어느 정도죠?

답변하기에 간단한 질문이 아닙니다. 왜냐하면 반려견에게 필요한 운동량은 나이, 건강, 견종에 따라 다르기 때문입니다. 얼마나 자주 운동을 시켜야 하는지에 대해서는 동물병원에 문의하는 것이 가장 좋습니다. 작은 견종의 건강한 성인견은 하루에 30분 정도만 운동시키면 되고 반면에 큰 견종은 하루에 적어도 2시간의 운동이 필요할 것입니다. 얼굴이 평평한 단두종은 정상적인 호흡이 힘들기 때문에 많은 양의 운동을 매일 할 수 없습니다.

반려견에게 뼈를 주는 것이 안전한가요?

많은 수의사는 반려견에게 뼈를 주는 것에 반대합니다. 익힌 뼈는 반려견에게 매우 위험할 수 있습니다. 조리를 하면 뼈는 잘 부서지고 쪼개지기 쉬워서 잠재적으로 반려견이 다치는 원인이 될 수 있습니다. 생뼈 또한 다치게 할 수 있습니다. 뼈를 씹는 것은 치아골절, 구강손상, 목에 뼈 걸림, 장과 위장 문제, 내부 출혈 등을 일으킬 수 있습니다. 인공뼈, 장난감, 씹을거리 등과 같이 반려견에게 보다 안전하고 뼈 대용품으로 사용 가능한 많은 제품이 있습니다.

- 반려견은 약해지고 오래되고 손상된 털을 털갈이한다
- 반려견은 계절이 바뀜에 따라 털갈이를 한다

개는 왜 배설물을 먹나요?

불행히도 이 문제는 보호자가 직면한 흔한 문제이지만 명쾌한 해답이 없습니다. 과학자들은 개가 왜 자기 배설물이나 다른 동물의 배설물을 먹는지 알지 못합니다. 야생에서 자기들 구역에 있는 다른 개에게 기생충 위험을 줄여 주기 위해 배설물을 먹었다는 이론이 있습니다. 개는 땅에서 발견하는 모든 것을 먹기로 유명하며 비록 사람에게는 역겹지만 그 행위가 개에게는 해롭지 않습니다.

어린 강아지는 가끔 자연스럽게 배설물을 먹지만 이런 행위는 대개 생후 9개월이 되면 멈춥니다. 만일 성인견이 배설물을 먹으면 검사를 위해 동물병원에 데려가야 합니다. 예를 들어 이런 행위는 반려견에게 기생충이 있거나 반려견이 먹는 식단에서 필요한 영양분을 공급받지 못하고 있다는 징후일 수 있습니다. 또한 스트레스가 이런 행위를 유발하는 원인이 될 수 있습니다. 수의사는 배설물을 먹는 행위를 억제하도록 비타민이나 효소 보충제를 제공할 수도 있습니다.

가정에서 반려견의 생활 구역을 깨끗하게 하고 가능한 빨리 배설물을 치워주세요. 고양이를 키운다면 배변통을 반려견이 닿지 않는 곳에 보관하고 주기적으로 청소하세요. 또한, 반려견이 배변하자마자 보호자에게 다가와 간식을 받도록 훈련시킬 수도 있습니다.

털 빠짐을 막으려면 어떻게 해야 하나요?

털갈이는 자연스럽게 발생하는 것이라서 반려견의 털 빠짐을 막을 수는 없습니다. 그러나 어느 정도 털 빠짐을 관리할 수는 있습니다. 모든 반려견이 털이 빠지는데 식단, 전반적인 건강 상태, 계절의 변화(추울 때는 털이 두껍게 자라고 따뜻해지면 털이 빠집니다)에 따라 약간씩 다릅니다. 털 손실을 관리하는 가장 좋은 방법은 주기적으로 털을 빗겨주는 것입니다. 주 단위 또는 매일 주기적으로 털을 빗겨줄 수 있는데 이는 털을 유지하는데 도움이 됩니다. 평소보다 털이 많이 빠지면 동물병원에 데려가세요. 기생충, 영양 문제 등의 과도하게 털이 빠지는 으 학적 이유가 있을지 모르니까요.

4

부록

응급처치 목록

경미한 상처			
증상	페이지	증상	페이지
감염	152	소화 문제	154
경미한 상처 소독과 드레싱	81	심박수	62
경미한 상처들	80	쏘임	134
귀약	96	약물 투약	90
꼬리 부상	140	임신 확인	104
농양	131	진드기 제거	51
동물병원에 언제 가야할까?	66	찜질하기	131
물림	134	체온	63
발 상처	144	출혈	139
베임(자상)	136	통증 관리	117
비뇨기 문제	146	통증 발견	114
생리식염수	84	화상	132

NOTE:
다친 반려견에게는 조심해서 접근하세요. 아픈 반려견은 불안하고 스트레스가 심해서 물 수 있습니다. 짖고 서성이고 으르렁거리는 반려견에게는 절대 접근하면 안됩니다.

심각한 사고

사고	페이지	사고	페이지
감염	138	열사병	130
감전	150	외상	140
골절	128	의식불명	126
다친 강아지 이송하기	158	익사	148
두부 외상	142	중독	160
발열	152	질식	122
발작	157	체온	63
사망	125	출산	170
쇼크	119	출혈	139
신생견 되살리기	173	통증 탐지	114
심박수	62	호흡 정지	126
심폐소생술(호흡)	126	호흡수	61
심폐소생술(CPR)	127	화상	132

NOTE:
어떤 단계에서든 뭔가 잘못된 것은 아닌지 걱정되면 즉시 동물병원에 연락해서 조언을 구하세요.

용어집

며느리 발톱

걸음걸이
개가 움직이는 방식

경련
비정상적, 무의식적인 갑작스런 근육수축에 의해 신체의 격렬한 움직임이 발생하는 현상

광견병
체액을 통해 전염될 수 있는 포유류 바이러스 질환

광선공포증(Photophobia)
빛에 극도로 민감한 증세

그루밍(Grooming)
개가 자기 털을 손질하는 행위

넥카라(Elizabethan collar)
개의 목에 착용하는 보호 기구로 상처 핥는 것을 방지함

농양
고름으로 가득한 부어오른 조직부위

단두종(Brachycephalic)
주둥이가 짧은 개

동공 확장
정상보다 더 큰 동공

림프절
면역체계의 주요 구성요소인 림프액을 여과하는 콩처럼 생긴 구조체

마이크로칩
식별 정보가 포함된 작은 컴퓨터로 개 피부 아래에 내장됨

며느리 발톱
앞다리에 붙어있는 발가락으로 (어떤 품종은 뒷다리에 있음) 다른 발가락보다 위에 붙어있음

발정기
암컷 개가 짝짓기를 할 수 있는 성적 주기

병변
손상된 조직 부위

보툴리누스 중독(Botulism)
클로스트리디움 보툴리누스균에 의한 식중독으로 육류 및 기타 음식에서 발견되기도 한다.

산후마비(Eclampsia)
출산 후 개의 혈중 칼슘 수치가 급격히 낮아져 발생하는 증세

생리식염수
상처를 씻어낼 때 사용할 수 있는 소금물로서 체액과 동등한 삼투압으로 조정하여 제조한 등장액

소생술(Resuscitation)
의식이 없는 개를 되살리는 수단

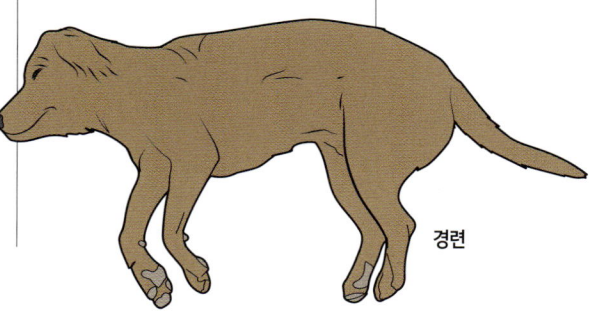
경련

용어집 187

심정지
혈류 손실로 인한 효율적인 심장 펌프 기능 상실

아나팔락시스(Anaphylaxis)
심각하고 빠르게 반응하는 알레르기 반응

알약주머니(Pill pocket)
좋은 맛이 나도록 만든 약품 위장용 캡슐

야콥슨 기관(Jacobson's organ)
개 입천장에 있는 후각 기관

예방접종
항체를 자극하는 물질로 질병에 저항하는 면역체계를 생성하는 치료법

외상
갑작스럽고 심각한 신체 부상

유선염(Mastitis)
유선 조직의 감염

이색형 색각(Dichromat)
눈에 2가지 유형의 색 수용체가 있는 동물

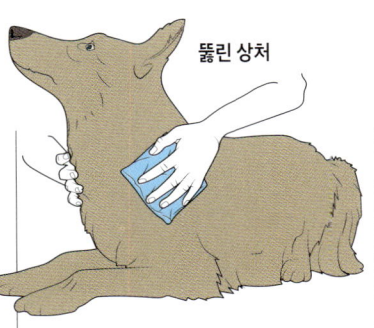
뚫린 상처

자궁/난소 적출술(Spay)
암컷 개의 난소와 자궁을 외과적으로 적출하는 것

자궁내막염(Endometritis)
자궁 내막의 염증

자궁염(Metritis)
자궁 염증

잡식성(Omnivorous)
육류, 채소 모두를 기반으로 구성한 식단

저체온증(Hypothermia)
체온이 비정상적으로 낮은 상태

저칼슘혈증(Hypocalcemia)
혈류 내 칼슘의 부족

중성화(Neutering)
반려동물의 생식기능을 제거하는 것으로 수컷 반려견의 고환을, 암컷 반려견의 난소와 자궁을 외과 수술로 제거하는 것

찔린 상처
날카로운 물체에 의해 피부가 관통된 상처

퀵(Quick)
개 발톱 중앙을 통과하는 혈관

크립토코커스(Cryptococcus)
여러가지 효모와 유사한 균에 의한 곰팡이 감염

호흡수
개의 분당 호흡수

소생술

색인

ㄱ
간식　31, 32, 38-39, 42, 46
간염　178
간질　179
감전　67, 120, 150-151
갑상선 기능 저하증　56
개선충　82, 83
거품을 물다　121
걸음걸이　65, 67, 114-116
결막염　84
경련　67, 156-157
고름 분비물　80, 81, 131, 138
고환　17
골격　12-13
골절　79, 128-129, 152
곰팡이 감염　82-83
공격성　36, 37, 74, 77, 116, 137, 179
관계 변화　116
관절 문제　44, 47, 55
관절염　44, 47
광선공포증　84, 116
교통사고　140-145
구급상자　70-73
구내염　64
구취　25
구토　48, 60, 65, 67, 69, 73, 75, 154, 163
귀　16
　귀 세척　97
　귀로 의사소통하기　34-36, 60, 75
　귀약 넣기　96-97
　귀진드기　49, 50
그루밍　54-55, 82, 181

ㄴ
긁기　49, 50, 82
기관지염　29, 178
기관허탈　120
기생충　48-51, 183
기침　120-121, 151
길 잃은 강아지　180
꼬리　114
골절　128-129, 143
　꼬리로 소통하기　34-36
　단두종　19
　상처　143
　탈구　129
낑낑거림　37

ㄴ
넥카라　81, 83, 87, 88, 90, 145
　넥카라 만들기　174-175
노령견　52-55
　식단　41, 52, 55
놀이　47
놀기 좋아하는　35
농양　131, 138, 143, 145, 152
뇌졸증　158
눈　16-17, 18, 65, 75, 84-85, 125
　단두종　18
　분비물　85, 99
　쇼크 징후　118
　안약 넣기　98-99
　통증 징후　115, 116
눈 접촉　35

ㄷ
다리　12-13
다친 강아지 핸들링　73, 74-77
단두종　18-19, 164, 182
단두종호흡기폐쇄증후군　18

ㄷ
당뇨병　44, 179
두려움　35, 36-37, 75, 77
두부 외상　142
듣기　16, 52-53
들 것　78, 140, 159
땀샘　12-13, 35
떨림　117

ㄹ
라사압소　18
렙토스피라증　29, 178
림프절 부종　152
링웜, 피부사상균　83

ㅁ
마비　67, 158-159
마이크로칩 삽입　106, 179
막대기 물어오기　120
만성 치주 궤양성 구내염 CUPS　21
며느리 발톱　12, 26-27
모낭충증　83
목줄　120-121
물기　116
물리치료　117

ㅂ
바디랭귀지　34-36
반다나　120-121
반려견 검사　60-65
반려동물 여권　29
발　12-13, 17, 35
　단단한 표면에서 뛰기　47
　발톱　12, 26-27
　상처　144-145
　추위　118
발열, 열　67, 131, 138, 143, 152-153

색인 189

발작	65, 67, 151, 156-157, 163	
발정	104-105	
발톱	12, 26	
손질	26-27, 55	
방광 조절	54	
방향 감각 상실	54, 60, 67	
배뇨	17, 65, 67, 104, 115, 117, 146,147	
혈뇨	146	
배변활동	115, 117	
배설물, 대변		
대변 안의 피	48, 163	
배설물 먹기	181	
대변에 보이는 내부 기생충	48	
백내장	84	
뱀에 물림	134	
벌레, 기생충	48	
벌레에 물림	69, 134-135	
벼룩	49	
보상하기	31, 32, 38-39	
보스턴 테리어	18	
보툴리누스 중독	158	
복서	18	
부분 탈모	82	
부종, 붓기	81, 82, 117, 128, 131, 134, 138, 143	
분리 불안증	37	
불 마스티프	18	
불독	18, 75	
불안	35, 36-37	
붕대 감기	73, 81, 89, 139	
비만	43, 44-47	
비명	37, 115, 116	
빈혈	64	

뼈	12-13, 40	
골절	79, 128-129, 152	
뼈, 식단에 포함 여부	120-121, 183	

ㅅ

사고로 인한 외상	140-145	
사냥	75	
사냥 게임	30-31, 33	
사망 확인	125, 140	
사후경직	125	
산후마비	171	
상처	60, 68-69	
감염 징후	138, 143	
고름 분비물	80, 81, 138, 145	
고양이로 인한 상처	138	
농양	130, 138, 143, 145	
소독과 드레싱	80-81	
싸움으로 인한 상처	135-139	
요양	87-89, 90	
상처 소독과 드레싱	80-81	
생리식염수	80, 84	
생식기	17	
생체 징후	60-64	
샴푸하기	82, 100-103	
설사	48, 67, 69, 154, 155, 163	
소리 내기	36-37, 75, 115, 116	
소생술, 심폐소생술	125-127, 141, 142, 149	
소통	16, 34-37	
소화계	14-15	
쇼크	118-119	
수술 후 돌보기	86-87	
수염	16	
수의학적 검사	178	
순막	84	

순환계	13, 17	
숨바꼭질	33	
스트레스	56, 178	
시력	16-17	
시추	18	
식단	14-15, 24, 40-47, 82, 160	
날 음식	42-43	
먹으면 위험한 음식들	43, 161, 163	
비만	43, 44-47	
수술 후 식단	87	
임신한 반려견 식단	105	
식욕 상실, 식욕 저하	25, 52-53, 54, 56-57, 67, 115, 117, 152, 163	
신음소리	37	
신진대사	40, 45	
실금	163	
실신	120	
심박수	62, 67, 115, 117, 118, 125	
심장 질환	44	
심한 갈증	163	
싸움으로 인한 상처	136-139	
쓰러짐, 허탈상태	67, 130,151, 156-157	
씹기	14, 25, 150	
씹는 간식 또는 덴탈 껌	25	

ㅇ

아나필락시스	29	
아데노바이러스	29, 178	
아이스팩	145	
암	44, 179	
암컷 발정기	104-105	
야콥슨 기관	16	
약품		
저장	90	

색인

투약	90-99
양수 주머니	166-167
어린 강아지	
과도한 흥분	137
구충	48
되살리기	172-173
사회화	137
식단	40-41
신생견 관리	170-171
씹기	150
예방접종	28-29, 178
출산	164-169
호흡수	60
훈련	38-39
어울리기, 사회화	38, 137
여행, 이송	29, 79
다친 반려견	78, 140
마비된 반려견	159
캐리어용 상자 만들기	176-177
열사병	47, 130
예방접종	28-29, 178
온찜질	117
옴	82, 83
외상	140-145
요로결석	147
운동	45, 46-47, 55, 180
움직임의 변화	116
움찔수축(가벼운 경련)	60, 14, 156
위협적인 행위	36
유선염	171
으르렁거리는	37, 75, 116
음식 알레르기	41
응급키트	107
의료기록	73

의식불명	67, 79, 123-127, 140, 148-149, 156
익사	67, 148-149
인식표	106
임신	164-169
산후조리	170-171
임신 확인	104-105, 164
입	
벌리는 방법	92
출혈	142
입마개	73, 76-77
입욕, 목욕	82, 100-103
잇몸	20-25, 36
색	64-65, 118, 154, 163
체온	154
출혈	64

ㅈ	
자궁염	171
자세 변화	115, 116
작은 조각	71, 120, 144
잠, 수면	54, 117
장내가스	48
장애물 코스	32
재난 대피 계획	106-111
저체온증	47
절뚝거림	60, 65, 67, 144
정신 자극	30-33, 150
종양	152, 158
주사 부위	29
중독	43, 67, 160-163
중성화(거세)	179
중성화(난소적출)	179
지루함	30-33, 150
지배적인 행위	36

지진 대피 계획	110
진드기	49, 50-51, 71, 158
질식	120-123
짖기	36-37, 75
찜질	131

ㅊ	
체온	118
체온 측정	63, 130, 152-153
체온 조절	12-13, 16-17
체온계	63, 71, 153
체중감소	48
추가 접종	28-29, 178
출산	164-169
단두종	19, 164
출혈	67, 128, 138-139, 141-143
질 출혈	104
치과 위생	20-25, 64
치아	14, 20-25, 36, 40, 52, 56 128
치은염	64
침	136
침 속의 피	25, 163
침흘림	25, 121, 128, 130, 151 163

ㅋ	
캄필로박터	48
캐리어 상자 만들기	176-177
코	16
코피	25, 142
분비물	25
콕시디아	48
크립토코커스	158
클리커 훈련	40-41

ㅌ

탈모	82, 83
탯줄	167, 168
털, 외피	82-83
샴푸하기	82, 100-103
털 빠짐	82, 183
털이 곤두섬	36
통증	37, 67, 74
통증 관리하기	117
통증 확인하기	114-117
퇴행성 관절염	52, 54

ㅍ

파라인플루엔자	29, 179
파보바이러스	29, 179, 178
퍼그	18-19, 75
퍼즐 피더 (먹이주는 퍼즐)	30-31, 47
페로몬	16
페키니즈	18
편모충	48
폭풍 대피 계획	111
피부상태	18, 82-83
필 건	93
필 포켓	95

ㅎ

하울링	37
하임리히법	123
하품	37, 60
한숨	37
핥기	49, 82, 115, 117, 144, 146
해로운 식물	162
해부학적 구조	12-13
행동 변화	52, 54, 68, 74, 75, 114-117
헐떡거림	16-17, 60, 130, 163
헤엄	47
혀	34-35
호흡	61, 67, 115, 117, 118, 141, 163
단두종	18
심폐 소생술	124-127, 141, 142, 149
하임리히법	123
우는 소리	37, 116, 144
호흡수	61, 67, 115, 117, 118
홍수 대피 계획	109
홍역	29, 84, 178
화상	67, 132-133, 151
화재 대피 계획	106, 108
화학적 화상	132-133
효모균 감염	82
후각	16, 52-53
훈련	32-33, 38-39, 137
흔들기(몸)	60, 117, 156
흥분	37, 39

저자 제니퍼 파커

영국의 동물학자, 과학 작가, 동물 애호가. 영국의 대표적인 월간 동물학 저널의 수석 편집장으로서 3년을 보냈다. 수의사로 일하는 동안 동물 건강 관리와 케어에 대한 많은 글을 기고했다. 멸종 위기 동물의 보존 관련 학위를 취득한 후에는 동물의 웰빙과 보존을 증진하는 데 전념하고 있다. 카리브해 섬 몬테라트에 살고 있으며 지역사회에서 동물보호 프로젝트를 수행하며 글을 쓰고 있다.

감수 이동국

죽전동물메디컬센터 대표원장
한국수의심장협회 (KAVC) 상임이사
한국고양이수의사회 회원

PICTURE CREDITS

저작권이 있는 사진자료를 출판하도록 허가해 준 다음 에이전시에 감사의 말씀을 드립니다:

shutterstock.com
Ivonne Wierink: 3; Dorottya Mathe: 4, 103; cynoclub: 5, 19, 37, 40, 54, 84, 118, 165; New Africa: 6, 107; Susan Schmitz: 6, 35, 49, 65, 74, 163; Jaromir Chalabala: 7; Monika Wisniewska: 7; Annette Shaff: 9, 43, 86, 133, 144; DRAWaDREAM: 13; Alexander_P: 13 ,14, 15, 26, 61, 62, 63, 128, 152, 175; Anna Hoychuk: 13, 101; Olga Alper: 10; lukaszemanphoto: 15; anetapics: 16; Robynrg: 16; Athapet Piruksa: 17; fotorawin: 18; Vantage_DS: 18; Viorel Sima: 18, 19; Eric Isselee: 18, 19, 24, 25, 32, 34, 35, 41, 53, 61, 82, 90, 115, 121, 137, 154, 155, 160, 161, 178, 181, 185, 191; Erik Lam: 18, 60, 122, 153; Hidenori Kimura - Rosetta: 19; Gelpi: 19, 147; GLandStudio: 21; Littlekidmoment: 21; violetblue: 21, 75, 111; Galaxy love design: 22; yod67: 22, 24, 51, 61, 72, 73, 90, 97, 99, 101; Picsfive: 22, 90; Sonsedska Yuliia: 23, 184; Tompet: 23; AlenKadr: 24; Denis Val: 24; Firstyahoo: 25; Pearl PhotoPix: 25; gritsalak karalak: 26; Igor Normann: 26, 186; kasarp studio: 26; Imfoto: 27; all_about_people: 28; Life In Pixels: 29, 185; Maximilian100: 29; Studio Ayutaka: 29; alexei_tm: 30, 176; pryzmat: 30, 31; Pavel Vinnik: 30, 41, 42; WilleeCole Photography: 30, 57, 94, 179; azure1: 31; World_of_ Textiles: 31, 32; Africa Studio: 32, 33, 46, 62, 161, 180; Mark Stock: 32, 43, 50, 65, 69, 77, 80, 81, 90, 93, 95, 100, 119, 123, 124, 125, 126, 130, 131, 135, 136, 138, 141, 142, 149, 150, 151, 154, 163, 166, 167, 168; hd connelly: 33; Ekkaphan Chimpalee: 33, 184; Volodymyr Burdiak: 36; Bonsales: 36, 75; Halfpoint: 38, 39; Dora Zett: 38, 64, 146; DenisNata: 39; Photo Melon: 39, 42, 43; mariait: 40, 184; deniss09: 41; Jiri Hera: 42, 46; photka: 42, 46; Monkey Business Images: 44; Teeraphan Pensupha: 44; Sponner: 45; Syda Productions: 47; Isis Medri: 48; Todorean-Gabriel: 48, 147; Artsilense: 48, 178; maratr: 49; Usagi-P: 49; Vera Larina: 49; Chanisa Ketbumrung: 50; Marmalade Photos: 50; Mariyana M:51; Sandra Huber: 51, 71, 165;
studiovin: 51, 72, 73, 97, 99, 107; Peteris Zalitis: 55; Ilike: 58; Kzenon: 56; GeniusKp: 57; Sontaya Chaisamutr: 57; Suradech Prapairat: 57, 155; Tim UR: 57, 155, 161; Akarat Phasura: 62; Natali_ Mis: 62; Tribalium: 63; Mangpor_nk: 64, 118; leungchopan: 65, 156; visivastudio: 66; Mumemories: 67; Zanna Pesnina: 67; Joerg Huettenhoelscher: 68; Ermolaev Alexander: 68, 88, 164, 184; Zivica Kerkez: 69; smrm1977: 70; kovalvl: 71; nito: 71; prapann: 71; Sanit Fuangnakhon: 71; Swapan Photography: 71; Viktoria Gavrilina: 71, 133; M. Unal Ozmen: 72; 168 Studio: 72; Gruffi: 72; prapass: 72; premkh: 72; Regreto: 72, 97, 99; Oliver Wilde: 72, 99; predragilievski: 73; Angelika Smile: 73, 89; Early Spring: 73, 89; Elena Elisseeva: 73, 89; Nehris: 76; kejuliso: 77; Mr. Suttipon; Yakham: 77; pirtuss: 77; Gladskikh Tatiana: 78, 120; Csanad Kiss: 79; rodimov: 81, 145; Anantapa Wittaya: 82; Kittima05: 82; Nathalie Marran: 83; Valeri Vatel: 83; Visit Roemvanitch: 83; Designua: 84; Iryna Kalamurza: 85; Martin Haas: 87; aperturesound: 88; Presslab: 89; Danny Smythe: 90; rSnapshotPhotos: 90; Pakhnyushchy: 91; Pressmaster: 91, 125; otsphoto: 92; Akifyeva S: 93; PixieMe: 93; StockPhotoAstur: 94; Chris Christou: 95; Mark and Anna Photography: 95; Prepperka: 97; Galina Bondarenko: 98; Y Photo Studio: 99; David Katrencik: 100; 9comeback: 101; grekoff: 101; Marianna_ Zh: 101; tanuha2001: 101; Yellow Cat: 101; eva_blanco: 102, 103; Ross Stevenson: 104; Sigma_S: 104; Thisislove: 104; LightField Studios: 105; Malivan_Iuliia: 105; olgagorovenko: 106; Chickenowa: 107; Gleb Guralnyk: 107; HSBortecin: 107; Spasta: 107; Chattaphan Sakulthong: 109; Marco; Iacobucci Epp: 110; thka: 111; Prystai: 112; Justin Sienkiewicz: 116; O_Lypa: 118; Barbro Bergfeldt: 120; Nicholas Steven: 121; schubbel: 121; elenabsl: 122, 123, 126; peat kai3: 124; Olena Voronetska: 127; Pavel K: 127; nilovsergey: 128; David Herraez Calzada: 129; pradtikhorn somboonsa: 129; Kwan Kajornsiri: 131; Eoghan Courtney: 132; I am a Stranger: 133; kembly0914: 134;
bjphotographs: 135; Deenida: 135; JanSommer: 135; Roman Samokhin: 135; Jne Valokuvaus: 136, 148; fantom_rd: 138; Milante: 139; Alla Pogrebnaya: 140; Olivier Tabary: 141; Henk Vriesebar: 142; Jaromir Chalabala: 142; ayorch: 143; jooh: 144; Javier Brosch: 147; PCHT: 148; EditheVideo: 149; Nikolai Tsvetkov: 150; maforche: 151; Zoran Photographer: 151; Bonte Foto Video: 153; Hanna_photo: 153; Olexandr; Andreiko: 154; Alex S: 155; fotofree: 157; Afanasiev Andrii: 158; Yimyamyim: 158; gubapu: 159; Jagodka: 159; Komkrit Noenpoempisut: 159; Helder Almeida: 160; akepong srichaichana: 161; Antonsov85: 161; Artem Kutsenko: 161; innakreativ: 161; Lucky Business: 161; MaraZe: 161; Mega Pixel: 161; Moving Moment: 161; Ruslan Semichev: 161; Sivaaun: 161; domnitsky: 162; Evgeny Karandaev: 162; Madlen: 162; Molotok289: 162; nadezhda F: 162; Nenov Brothers Images: 162; Richard Griffin: 162; Scisetti Alfio: 162; Tatiana Lebedeva: 162; Tommy Atthi: 162; wolfman57: 162; SmileonBow: 165; Xie Wenhui: 166; foto ARts: 166, 167; Mraoraor: 166, 167; Margreet de Groot: 168; Anastasiia Cherniavskaia: 170; lllonajalll: 173; Ms. Gigie: 174; Jamesbin: 175; Mallinka1: 175; Yulia Glam: 175; Akitameldes: 177; DennisNata: 180; Kanowa: 181; Susan Schmitz:185.

gettyimages.com
Genaro Molina/Los Angeles Times: 108.

unsplash.com
Marvin Tomas: 2; Josephine Amalie Paysen: 182.

Dreamstime.com
Mikael Males: 17

저작권이 있는 사진자료의 이용 허가를 얻기 위해 모든 노력을 기울였습니다. 오류, 누락이 있다면 이 점 사과드리며 잘못된 점을 알려주시면 향후 인쇄시 수정 반영하겠습니다.